협업으로 창조하라

지은이 **윤은기**

한국협업진흥협회 회장. 전 중앙공무원교육원 원장. 서울과학종합대학원대학교 총장.
'미스터 콜라보(Mr. Collabo)'로 불리며 대한민국의 협업문화 확산을 위한 '협업전도사 1호'로 맹활약하고 있다. 시테크 이론의 창시자로 늘 한발 앞선 화두를 제시하며 학계, 재계, 관계, 언론계, 문화예술계, 시민단체 등 사회 각 분야에서 왕성한 활동을 해왔다.
고려대 심리학과를 졸업하고, 연세대 경영학석사(MBA), 인하대 경영학박사 학위를 취득했으며, 공군장교로 복무했다. 유나이티드컨설팅그룹 대표컨설턴트를 거쳐 KBS·MBC·MBN 등 라디오와 TV에서 10년 넘게 방송인으로 활동하며 대중의 많은 사랑을 받았다.
현재 대한민국 백강포럼 회장, 서울과학종합대학원대학교 석좌교수, 문화예술위원회 예술나무포럼 회장, 기후변화센터 이사 등을 맡고 있으며, 공무원교육원장협의회 회장, 국립극장 후원회 회장 등을 역임했다. 2009년 대한민국 정부로부터 홍조근정훈장을 받았다.
저서로 《매력이 경쟁력이다》《시테크》《스마트경영》《신경영마인드 365》《예술가처럼 벌어서 천사처럼 써라》《귀인》 외 20여 권이 있다.

협업으로 창조하라

초판 1쇄 발행 | 2015년 2월 25일
2판 4쇄 발행 | 2019년 5월 20일

지은이 | 윤은기
펴낸이 | 이성수

펴낸곳 | 올림
주소 | 03186 서울시 종로구 새문안로 92 광화문오피시아 1810호
등록 | 2000년 3월 30일 제300-2000-192호.(구:제20-183호)
전화 | 02-720-3131
팩스 | 02-6499-0898
이메일 | pom4u@naver.com
홈페이지 | http://cafe.naver.com/ollimbooks

값 | 13,000원
ISBN | 978-89-93027-69-3 03320

이 도서의 국립중앙도서관 출판예정도서목록(CIP)은 서지정보유통지원시스템 홈페이지(http://seoji.nl.go.kr)와 국가자료공동목록시스템(http://www.nl.go.kr/kolisnet)에서 이용하실 수 있습니다.(CIP제어번호:CIP2015004155)

융복합 창조시대, 대한민국이 사는 길

협업으로 창조하라

윤은기 한국협업진흥협회 회장 지음

올림

하늘 아래 전지전능한 존재는 없다!

대신 하늘은 인간에게 협업할 능력을 주셨다.

수직적 분업 시대에서
수평적 협업 시대로!

개인의 의지나 개별 기업의 힘만으로 승승장구할 수 있는 시대는 지났습니다. 무한경쟁과 승자독식을 당연시했던 신자유주의 시대가 저물고 '상생'과 '동반성장'을 강조하는 신인본주의 시대가 도래했습니다. 이제는 서로 다른 전문성, 강점, 장점을 결합하여 새로운 가치를 창출할 줄 아는 개인과 기업이 생존하고 성장할 수 있는 '융복합 창조 시대'로 나아가야 합니다. 그러므로 부서와 기업, 산업, 국가 간의 장벽을 넘어 협업(collaboration)하는 능력이 그 어느 때보다도 더 절실히 요구됩니다.

하지만 오랫동안 수직적 분업 체제에서 살아온 우리는 협업 문화에 익숙지 않은 것이 현실입니다. 필요성은 공감하면서도 정작 어떻게 협업해야 할지에 대해서는 지식과 경험의 한계 탓에 갈피를 잡지 못하고 머뭇머뭇하게 됩니다. 이 책을 세상에 내놓게 된 이유입니다.

이 책은 인간적 매력과 탁월한 감각을 지닌 사진작가 케니 강과 콜라보(협업)하여 출간하게 되었습니다. 수필집이나 예술 관련 서적이 아닌 일반 실용서를 콜라보 형태로 출간하는 건 아마도 처음인 것 같습니다. 많은 분들이 거의 매일 접하는 SNS가 그러하듯, 지금 우리는 사진과 글이 융복합되는 문명 속에 살고 있습니다. 사진과 글이 함께 들어가면 이성과 감성이 모두 전달되어 소통이 원활해지기 때문입니다.

저의 강연록과 케니강의 작품사진이 융합된 이 책이 독자와의 소통 수준을 한 단계 끌어올려줄 것으로 확신합니다.

책을 읽다 보면 저와 오랫동안 서로 믿고 도우며 사회생활을 함께해온 열다섯 분의 이야기도 중간중간 만날 수 있는데, 이 또한 협업의 산물이라고 할 수 있습니다.

마지막으로 이 시대의 화두인 협업에 대한 연구와 강의, 저술에 아낌없는 후원을 해주신 네패스 이병구 회장님께 깊이 감사드립니다.

거스를 수 없는 '제4의 물결'인 '융복합 창조 시대'를 맞아 협업의 의미와 가치, 그 실천 방향에 대해 고민하고 계신 모든 분들께 이 책을 바칩니다.

협업은 대한민국의 새로운 희망이며 축복입니다.

(사) 한국협업진흥협회 회장

윤은기

성공한 그들은 어떻게 협업했을까
―사례 분석

❖1부는 고려대학교, 국립암센터, 기업은행, 서울대병원, 삼성서울병원, 안전행정부, 인적자원 개발컨퍼런스, 중앙공무원교육원, 포스코, 한국석유공사, 한국콘텐츠진흥원, 헌법재판소, 문화예술위원회 등 국내 주요 기업과 기관에서 진행된 강연 내용을 녹취하여 보완, 정리한 것입니다.

협업이
미래를 만든다

─

-강연록

혼자 할 수 있는 일은 없습니다.
우리 사업에서 더 이상 혼자서 할 수 있는 일은 없습니다.
– 스티브 잡스

시대를 읽으면
미래가 보인다

'제4의 물결'이 온다

_ 사회자

안녕하십니까? 지금부터 윤은기 한국협업진흥협회 회장님을 모시고 특강을 진행하도록 하겠습니다. 따로 소개가 필요하지 않은 명사이시지만, 제가 강연을 부탁드린 입장에서 자료 준비를 위해 회장님을 검색해보았는데 많이 당혹스러웠습니다. 몰랐던 부분이 적지 않았기 때문입니다.

회장님께서는 얼마 전까지 모든 국가 공무원들의 교육을 책임지는 중앙공무원교육원 원장으로 공직 생활을 하셨고, 그 직전에는 서울과학종합대학원대학교 총장으로 교직에 계셨을 뿐 아니라, 오랫동안 경영 컨설턴트와 경제경영 칼럼니스트,

그리고 유명 방송인으로 활약해오셨습니다. 이는 잘 알려진 사실입니다.

그런데 이번에 찾아보니 문화예술계를 위한 지원 활동도 활발하게 하셨고, 심지어 골프 칼럼니스트로도 활동하셨다는 사실을 새롭게 알게 되었습니다. 골프 쪽에서도 굉장히 유명하시더라고요. 핸디가 얼마나 되시는지는 아직 잘 모르겠습니다만… (웃음)

한 가지 분명한 점은 이러한 다양한 경험과 화려한 경력 속에서도 '일관성'이 있다는 것입니다. 윤 회장님은 늘 시대의 흐름을 한발 앞서 내다보며 변화를 선도하고 주도해오셨습니다. 윤 회장님의 별명은 '시(時)테크 박사', '어시스트의 달인' 등 여러 가지가 있지만 그중에서도 '대한민국의 비밀 병기'라는 별명이 예사롭지 않습니다. 시의적절한 화두로 때마다 우리가 가야 할 미래를 분명히 제시해주셨기에 그런 별명을 갖게 되신 것 같습니다.

오늘 말씀해주실 '협업' 역시 불확실한 격변의 시대를 살아가는 우리에게 의미 있는 시사점을 제공해줄 것으로 믿습니다.

그러면 윤은기 회장님을 모시고 이야기를 듣도록 하겠습니

다. 큰 박수로 맞이해주시기 바랍니다. (박수)

_ 윤은기 회장

　반갑습니다. 우선, 저를 과분하게 소개해주셔서 쑥스럽습니다. 그런데 저의 경력은 사실대로 잘 소개해주신 것 같습니다. 실제로 저보다 더 다양한 경력을 가지고 있는 강사를 아직끼지 보지 못하셨을 겁니다. 그동안의 다양하고 치열했던 경험들이 결국에는 이렇게 협업의 바다로 나오기 위한 과정이 아니었나 하는 생각이 들 정도로, 저는 지금 협업에 푹 빠져 있습니다. 요즘 제 별명이 뭔지 아십니까? '미스터 콜라보(Mr. Collabo)'입니다. (웃음)

　이력을 보시면 아시겠지만, 저는 격변의 한국 사회에서 다양한 길을 걸어왔습니다. 그런 면에서 '협업'이라는 역사적 과업에 매진하고 있는 것이 제겐 운명이라고 생각합니다.

　인터뷰를 하다 보면 전공이 뭐냐는 질문을 많이 받는데, 원래 제 전공은 '심경학'입니다. 심경학이라는 전공은 처음 들어보시죠? 저는 고려대에서 심리학을 전공하고 연세대에서 MBA(경영학 석사)를 했습니다. 심리학과 경영학을 줄여서 저

협업, 더 넓은 세상과 만나는 길!

는 '심경학(心經學)'이라고 말합니다. '심경(心境)'이란 마음의 상태라는 뜻이니까, 제대로 전공을 살린 거죠. (웃음)

또 공군장교로 4년간 복무하면서 육·해·공군 장병들과 함께 일하기도 했고, 방송인으로 10년 이상 KBS·MBC·MBN 등 여러 방송사에서 활동했습니다. 민간에서는 경영 컨설턴트와 대학 총장을 지냈고, 중앙공무원교육원 원장으로 공직 생활까지 했어요. 그리고 국립극장 후원회장, 문화예술위원회 예술나무포럼 회장, 연예인제작자협회 한류정책자문단장 등 문화예술 계통 관련 활동도 해오고 있습니다. 이런 일들을 30년 넘게 하며 살아왔습니다. 결론적으로, 저는 매우 융복합적인 경로를 살아온 사람입니다.

2013년 4월에 중앙공무원교육원 원장의 임기를 마치고 나서 '남은 인생 동안 무엇을 할 것인가?'에 대해 치열하게 고민했습니다. 대한민국의 미래를 새롭게 바꿀 만한 의제가 무엇일까를 생각해봤어요.

그렇게 끊임없이 고민하고 탐구하다가 운명적으로 만난 것이 바로 '협업(collaboration)'입니다. '협업 발전에 기여하라고 하늘이 내 인생을 지금까지 이렇게 다양한 경험을 하도록 설계

해왔던 것이구나' 하는 생각도 했습니다.

이렇게 중요한 인생 목표를 찾고 나면 여러분은 가장 먼저 누구에게 보고를 합니까? 저는 아내에게 보고합니다. (웃음) 아내에게 "여보! 나 드디어 찾았어!" 하면서 "당신이 알다시피 나는 지금까지 학계, 재계, 관계, 언론계, 문화예술계, 시민단체 등다 경험을 해봤고 나름대로 네트워크도 가지고 있는데, 이제와 생각해보니 하늘에서 협업이라는 대업을 맡기기 위해 훈련을 시켜온 것 같아. 앞으로 나는 협업에 모든 걸 걸겠어!" 했죠.

근데 제 아내는 협업이 뭔지 그때까지는 잘 몰랐어요. "그렇게 중요한 거예요? 제3의 물결보다 더 중요한 거예요?"라고 묻더라고요. (웃음) 그래서 제가 융복합 창조의 물결이 제4의 물결인데, 협업이 최선의 대응책이라고 대답했습니다.

요새는 집에서도 "여보! 우리도 협업합시다! 하느님이 남녀를 다르게 만드신 건 서로 협업하라고 그런 거라고!" 이렇게 이야기합니다. 자나깨나 협업만 생각하다 보니 건배사도 "콜라보! 브라보!"가 됐어요. 콜라보! 브라보! 어때요? 좋지 않습니까? (웃음)

제가 이렇듯 맹렬한 협업 전도사가 된 이유는 대한민국의 운명을 바꿀 모든 가치가 이 '협업'이라는 개념에 담겨 있다는 것을 확신하기 때문입니다. 우리나라는 30여 년 전에 앨빈 토플러가 말한 제3의 물결, 즉 정보화 사회의 흐름에 발 빠르게 대응하여 IT 강국으로 우뚝 섰습니다. 이제 우리는 새롭게 다가오는 제4의 물결인 융복합의 물결과 마주하고 있습니다. 저는 최선의 대응책이 '협업', 즉 'collaboration'이라고 자신 있게 말씀드립니다.

제가 어떻게 이런 확신을 갖게 되었는지, 또 이 협업이라는 것이 오늘날 우리가 살고 있는 이 시대에 어떤 가치가 있는지 집중적으로 이야기해보겠습니다.

공기업 혁신, 협업에 길이 있다.

:: Collabo! Bravo! ::

글로벌 시대의 핵심 전략 '협업'

강석희 | 전 미국 캘리포니아주 어바인 시장(한국인 이민 1세 최초의 직선 시장)

'협업(collaboration)'은 내가 어바인 시장으로 미국 지역사회를 위해 일하고 있을 때 가장 중요시했던 개념 중 하나였다. 세계적 불황의 늪에서 어바인시의 경제를 굳건히 지킬 수 있었던 것도 어바인 상공회의소나 어바인 교육구 등과의 협업 덕분이었다. 각 기관이 지닌 강점을 서로 결합하여 예산의 효율성을 극대화함으로써 시너지를 이끌어내 지역경제를 살릴 수 있었다.

협업은 글로벌 시대에 윈윈(Win-Win)할 수 있는 핵심 전략이다. 대한민국 창의경영의 아이콘인 윤은기 박사가 협업문화를 이끌고 있는 데 대해 뜨거운 박수를 보낸다.

신자유주의에서
신인본주의 시대로!

여러분! 기억나실지 모르겠는데, 약 10년 전에 모 재벌기업에서 인류가 달에 처음으로 발을 디뎠을 때의 영상을 가지고 대대적인 광고를 한 적이 있습니다. 인류 최초의 달 착륙은 1969년 7월 20일 미국의 우주인인 닐 암스트롱에 의해 이루어졌지요. 광고에서는 우주인이 달에 내려 깃발을 꽂는 장면을 보여주면서 "역사는 1등만을 기억합니다" 하는 내레이션이 나옵니다. 국내 1등에서 이제는 세계 최고의 1등 기업을 추구한다는 비전과 의지를 전달한 것입니다.

당시에 사람들은 이 광고를 보고 "맞아! 맞아!" 했습니다. 어느 분야든 세계 최고가 되지 않으면 성공하지 못한다는 생각이

문명의 대전환점에 서다

지배하던, '무한경쟁', '승자독식'의 시대였으니까요.

그런데 요즘에 이런 내용의 광고를 하면 난리가 납니다. 기업의 철학부터 의심받게 되죠. 단번에 '1등만을 추구하면 동반 성장은 어떻게 되는가? 상생은? 1등만 기억된다면 2등과 3등은 아무것도 기여하는 바가 없다는 말인가?' 하는 식의 반감이 생깁니다. '사회적 약자는 어떻게 보호한다는 거냐' 등등의 비판을 받게 되는 거지요.

무한경쟁 시대에는 오직 경쟁과 성과만이 미덕이었습니다.

이러한 무한경쟁 체제의 정점은 승자독식까지 인정하는 겁니다. 경쟁을 하면 혁신이 되고, 기술력도, 생산성도 끝없이 발전할 수 있다고 생각했습니다. 그도 그럴 것이 치열하게 경쟁해온 서방국가들은 살아남았지만, 경쟁이 없었던 공산주의 체제의 국가들은 대부분 무너지고 말았기 때문이지요. 1991년 소비에트연방이 해체되고, 동유럽국가들이 부도를 맞고… 이런 냉전 체제 붕괴 현상이 신자유주의의 물결을 가속화하면서 경쟁을 미화했던 것입니다.

당시 냉전 체제를 수십 년간 끌어오던 소련권이 갑자기 붕괴되었지요. 서방세계에서 미사일을 쏜 것도 아니고 군대를 동원한 것도 아닌데 공산주의 체제가 한순간에 무너지면서 경쟁 체제와 비경쟁 체제, 그리고 시장 원리가 작동되는 사회와 배급을 주는 사회의 승패가 명확히 드러난 겁니다.

허망하게 무너지는 소련을 보면서 세계적으로 "경쟁으로 혁신 성과를 내자!"는 소리가 메아리치게 되었습니다. 경쟁력과 이익 중심의 시장 원리로 하자는 주장이 대세가 되었고, 국가보다 시장의 힘이 좌우하는 시대로 바뀌었습니다. 어지간하면 공기업들을 민영화하자는 이야기도 나왔습니다. 우리는 이런 극단적인 무한경쟁 속에서 무려 25년가량을 살아왔습니다. 지구촌 전체에 신자유주의 물결이 휘몰아친 기간이었습니다. 철저하게 시장 원리에 의해 움직이는 신자유주의 시대에서는 많은 성과를 내면 남들보다 더 많이 보상받았지만, 성과가 없으면 생존을 위협받게 되었습니다. 결국 경쟁력 있는 국가, 기업, 사람만 살아남을 수 있었죠.

무한경쟁 체제에서 인류는 역사에서 보기 드문 놀라운 혁신 성과를 올렸습니다. 여러분이 지금 갖고 계신 스마트폰을 보세요. 전화기가 발명된 지 100년이 넘었습니다. 그동안 기능이 조금씩 개선, 발전되다가 최근 몇 년 사이에 가히 혁명적이라고 할 만한 스마트폰이 나타났습니다. 치열한 경쟁으로 급진적 혁신 성과가 이루어진 것입니다.

우리 인류는 경쟁을 통한 혁신으로 막대한 부를 창출했습니다. 지난 20여 년 동안 한국인이 창출한 부의 총량은 조선시대 500년 동안 창출한 부의 총량보다 당연히 많을 겁니다. 재래식으로 농사짓고 목선 타고 나가서 물고기 잡아온 것으로 얼마나 부를 창출했겠습니까! 여기에 비하면 같은 기간 우리나라 기업들이 전 세계시장에서 벌어들인 돈은 그야말로 돈벼락이나 마찬가지입니다.

우리가 잘 먹고살게 된 것이 이렇듯 지난 20여 년 사이에 이루어진 일입니다. 저는 전쟁통에 태어난 전쟁둥이인데, 제가 어렸을 때 우리나라는 정말 가난했어요. 많은 사람들이 굶주렸습니다. 그런데 최근 들어 우리나라는 신흥 부자나라가 되었습니다. 우리나라가 세계적인 무한경쟁 체제에서 살아남았기 때문이지요.

이처럼 무한경쟁은 우리에게 엄청난 기술 혁신과 부의 창출을 가져다주었습니다. 따라서 기아와 질병 해결, 수명 연장, 생활의 편의성이 제고되었지요. 신자유주의 물결이 가지고 온 대한민국의 빛나는 성과라고 할 수 있습니다.

문제는 무한경쟁 신자유주의의 물결이 좋은 면 못지않게 심각한 사회적 후유증을 가져왔다는 겁니다. 인류의 역사상 이렇게 경쟁이 치열했던 적이 없었습니다. 요즘 젊은이들을 보고 있으면 안쓰러워요. 저희 세대는 가난했지만 낭만이 있었고 인정이 살아 있어서 작은 거 하나라도 같이 나눠 먹던 추억이라도 있었는데, 태어나자마자 무한경쟁에 시달려온 요즘 젊은이들은 그런 게 없어요. 우리 때는 밤새 어렵게 정리한 노트도 시험 보기 전에 친구가 빌려달라고 하면 빌려줬어요. 근데 요새 애들은 어때요? 서로 나누질 않아요. 국가 경쟁, 기업 경쟁, 학교 경쟁에다 개인 경쟁도 해야 하고 평가도 상대평가이다 보니 나눌 생각을 하지 않습니다. 아니, 못하는 거죠. 친구가 내부 경쟁자로 바뀌어 서로 이기는 것이 급한데 어느 누가 자신의 노트를 빌려주겠습니까? 이처럼 무한경쟁 체제가 지속되면 인간성이 황폐화될 수밖에 없지요.

사상 최대 부의 창출은 사상 최대의 빈부격차를 가져왔습니다. 조선시대의 왕족과 천민의 격차보다 지금의 슈퍼리치와 서민의 격차가 더 크게 벌어졌어요. 무한경쟁 시대에 경쟁력이 있고 성과를 낸 기업이나 개인은 승승장구했지만 그렇지 못한 기업이나 개인은 부도가 나고 낙오자가 되었습니다. 이런 격차는 사회 구성원 다수에게 상실감을 낳고 분노심을 유발하고 사회 갈등을 일으키고 있습니다.

여러분도 아시다시피 대한민국은 '한강의 기적'이라고 불릴 정도로 짧은 기간 내에 괄목할 만한 발전을 이룩한 나라입니다. 그런데도 우리 국민들은 "행복하지 않다"고 말합니다. 그래서 대한민국을 '성공한 나라, 불행한 국민'이라고 진단하기도

무한경쟁의 빛과 그림자

부의 창출 ●   ● 극심한 양극화

기술 혁신 ●   ● 분노 사회

기아 해결 ●   ● 고용 없는 성장

보건 향상 ●   ● 노인 인구 증가

수명 연장 ●   ● 사회적 갈등

생활 편의 ●   ● 대기업 위주의 성장

출처: 환경부

합니다. 그 이유가 뭘까요? 너무 가파르게 성장하다 보니 전에는 몰랐던 문제들이 생겨나는 겁니다. 그동안 쉬쉬해왔던 폐단들이 속속 수면 위로 드러나기도 하고, 불공정하거나 불공평하다고 느껴지는 일들이 눈에 들어오기 시작했지요. 나는 정말로 혼신을 다해 일한 결과로 몇 억 원을 벌었는데, 짧은 기간에 몇

십 억, 몇 백 억을 버는 사람이 나타난단 말입니다. 부자는 더 부자가 되고 가난한 사람은 더 가난해지는 현상을 목격하게 됩니다. 당연히 박탈감이 들고 불만이 쌓이게 되지요.

인간의 본성은 '자유와 평등'을 추구합니다. 자유가 억압되고 평등권이 박탈되면 분노하고 저항합니다. 이것은 인간 본성의 문제입니다. 한국 사회는 무한경쟁 체제를 혼신의 노력으로 이겨내면서 부자나라가 되었지만 동시에 분노 사회가 되었습니다. 헝그리 국가가 앵그리 국가로 바뀐 거지요. 이러니 국민 행복지수가 올라가겠습니까?

이런 현상은 미국이나 서방세계도 마찬가지입니다. 요즘 프랑스 경제학자 피케티(Thomas Piketty)의 빈부격차 해소 방안이 세계적인 관심을 끌고 있는 것도 다 이런 맥락이죠.

지난 20여 년간 무한경쟁 시대에서 나타난 양극화와 마음의 상처를 회복하고 국민행복지수를 높이기 위해 나타난 개념이 바로 자본주의 4.0, 경제민주화, 동반성장, 지속가능경영, CSR(Corporate Social Responsibility), CSV(Creating Shared Value) 등입니다. 자본주의를 무한경쟁을 동력으로 돌리면 성과는 높아지지만 엄청난 사회적 후유증을 동반한다는 것을 깨닫고 근본적으로 자본주의를 바꿔보자는 움직임이 나타난 거지요. 물질 추구에서 인간 중심으로 시대의 패러다임이 바뀌고 있습니다.

'신자유주의 시대'가 저물어가고 '신인본주의 시대'가 이미 도래했다고 저는 확신합니다. 조직 구성원들에게 내부 경쟁을 강화하고 차등 보상을 하면 일시적으로는 성과가 나오지만 시간이 지날수록 조직은 멍들게 됩니다. 서로 견제하고 시기하고 증오하게 되면서 팀워크는 당연히 깨지게 됩니다. 조직 내부가 적대적 경쟁으로 바뀌고 병들게 되지요. 경쟁과 차등 보상을 기반으로 한 성장보다는 협업과 상생을 기반으로 한 성장이 훨씬 건강하고 지속가능하다는 것을 우리는 새삼 깨닫게 되었습니다. 이제는 상생과 협업의 힘을 회복시켜야 할 때입니다.

협업을 시대의 화두로!

김일섭 | 서울과학종합대학원대학교 총장

윤은기 회장은 서울과학종합대학원의 총장을 역임했고, 지금은 석좌교수로 있다. 그는 어떤 일에서든 열정과 몰입도가 대단히 높은 분이다. 시테크와 스피드경영, 휴먼테크, 공직자 생각의 틀(더 바르게, 더 크게, 더 공정하게), 3력(실력, 담력, 매력), 3심(양심, 열심, 합심)과 같은 새로운 주제를 끊임없이 생각해낼 뿐만 아니라 본인 또한 깊이 빠져든다. 그는 봉사와 나눔, 골프, 공군 사랑에도 몰입하면서 남들은 한 가지도 제대로 하기 어려운 일 대여섯 가지를 동시에 잘도 해낸다. 그런데 자세히 살펴보면 그는 이러한 주제들을 항상 배려, 포용, 융합, 소통 등과 연결시켜왔다.

한국협업진흥협회라는 다소 생소한 조직을 맡게 되었다고 했을 때 나는 '이제는 윤 회장이 좀 편하게 지내기로 작정했나 보다'라고 생각했다. 그런데 그게 아니다. 또 빠져드는 것이다. 그런데 이번에는 다르다. '협업'이라는 주제가 지금까지의 여러 주제들을 관통하고 융복합시킨 시대적 화두라고 생각하고 보다 큰 사명의식을 갖고 뛰고 있다.

"협업은 대한민국의 운명을 바꿀 신문명이다. 협업이 창조경제이고, 문화 융성이고, 정부 3.0이다. 협업을 통해서 대한민국이 선진 사회로 나아갈 수 있다"라는 그의 말에 전적으로 동의하고 또한 실현될 것임을 믿어 마지않는다.

두뇌경제 시대에서
마음경제 시대로!

앞에서 '신자유주의 시대'에서 '신인본주의 시대'로 패러다임이 전환되고 있음을 말씀드렸습니다. 또 한 가지 큰 변화를 말씀드리자면 우리는 '마음의 경제' 시대에 살고 있습니다. 이를 제대로 이해하려면 먼저 경제의 거시적 흐름부터 알아볼 필요가 있습니다.

인류의 경제활동은 손발경제에서 두뇌경제를 거쳐 이제는 마음경제에 도달했다고 할 수 있습니다. 손발경제는 농사나 공장의 제조업과 같은 육체노동을 통해 재화를 만들어내는 것을 말합니다. 두뇌경제는 정보, 지식, 기술을 이용하고 합리적인 의사결정을 통해 과학적으로 높은 성과를 내는 것을 의미합니다. 그리고 감성경제는 감성지능을 활용해서 상대방의 마음을 읽고 마음과 행동을 움직여서 성과를 창출하는 것을 의미합니다.

여기서 한 가지 재미있는 질문을 하겠습니다. 육체노동을 많이 하면 어디가 아플까요? 앞에 계신 분? 팔, 다리, 허리가 아프다고요? 맞습니다. 육체를 많이 사용하니까 당연히 몸이 아픕니다.

자, 어려운 질문 없습니다. (앞에 앉은 사람에게) 자리를 잘못

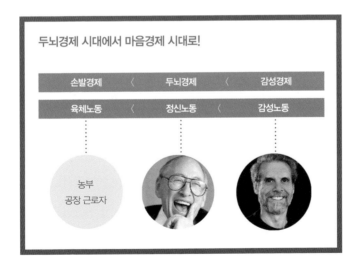

두뇌경제 시대에서 마음경제 시대로!

손발경제	<	두뇌경제	<	감성경제
육체노동	<	정신노동	<	감성노동

농부
공장 근로자

앉으셨죠? 여기가 로열석인데. (웃음) 원래 이 앞 좌석은 사장님이나 임원이 앉는 게 아닙니다. 생기발랄한 젊은 친구들이 앉아야 해요. (웃음)

자, 그럼 이번에는 뒷줄에 앉은 분께 질문을 드려보죠. 두뇌경제 시대에 정신노동을 하면 어디가 아플까요? (청중 답변: "머리요.") 그렇죠. 머리가 아픕니다. 답이 쉽죠? (웃음) 그러면 마음경제 시대에 감성노동을 하면 어디가 아플까요? (청중 답변: "마음이요.") 네, 마음이 아픕니다.

지금 우리는 마음경제 시대에 살고 있습니다. 그래서 마음 아픈 사람들이 너무 많아진 거죠. '힐링(healing)'이라는 단어가 일상용어가 되어버렸어요. 우리가 언제부터 힐링이라는 말을 썼습니까? 최근 10여 년 사이에 너도나도 힐링을 이야기하고 있습니다. 마음 아픈 사람들이 늘어나니까 힐링이 필요해지는 거죠.

또 다른 질문을 해보겠습니다. 여러분은 육체노동자, 정신노동자, 감정노동자 중 어떤 노동자입니까? 자, 이번엔 두 번째 뒷줄에 계신 분께서 답변해주시겠어요? (청중 답변: "정신노동자 같습니다.")

제가 강연을 하면서 이 질문을 드리면 대부분 자신을 '화이트칼라' 또는 '블루칼라'로 나누고 그에 맞춰 답을 선택합니다. 나는 블루칼라가 아니고 사무직에 있으니까 정신노동자라고 답변하는 것이죠. 그런데 여기서 한 번 더 생각해볼 것이 있습니다. 중요한 것은 이 두 개의 틀, 즉 정신노동과 육체노동의 구분을 넘어 이를 연장·확대했을 때 어디에 속하느냐 하는 문제입니다. 그런 맥락으로 보면 저와 여기에 계신 모든 분은 모두 감정노동자입니다.

우리는 지금까지 두뇌경제 시대를 살아왔기에 합리적인 사고를 하는 법을 주로 배웠습니다. 합리적인 의사결정을 어떻게 하느냐에 대해 교육받아왔죠. 그런데 시대가 변해서 마음경제 시대가 된 겁니다. 하지만 마음을 다루는 것에 대해서는 학교에서는 배운 바가 없기 때문에 당혹스러울 수밖에 없지요.

여러분은 사람을 만나면 제일 먼저 무엇부터 보시나요? 습관적으로 상대방의 머리를 들여다보실 거예요. 이 사람의 전공이 뭔지, 얼마나 배운 사람인지, 어떤 자격증을 갖고 있는지, 어디에 특화된 사람인지를 알아야 대화가 되고 설득을 할 수 있기 때문이죠. 그런데 이제는 그렇게 머리를 스캔하는 것이 소

용없게 되었습니다. 머리보다는 가슴이, 지식보다는 마음이 중
요해졌기 때문입니다. 마음을 읽어야 대화가 되고 소통이 이루
어집니다. 지금 이 사람이 기분이 좋은지 나쁜지, 어떤 이야기
를 하면 마음을 열고, 어떤 이야기에 분노하는지 마음을 잘 읽
어야 합니다. 이때 필요한 능력이 이른바 '감성지능(Emotional
Intelligence)'이라는 건데, 이게 아주 중요합니다. 아무리 합리
적이고 과학적으로 생각한다고 해도 상대의 마음을 열지 못하
면 결국 실패하고 맙니다.

여러분 주위에 혹시 맞는 말을 기분 나쁘게 하는 사람이 있
습니까, 없습니까? 있어요! 그러면 그 사람을 도와줄 마음이 생
기나요, 안 생기나요? 안 생긴다고요! 왜냐, 기분 나쁘니까! 사
실 싫어하는 사람이 맞는 이야기만 하면 하루 종일 기분이 우
울해지는 게 인간 심리입니다. (웃음)

이건 중요한 문제입니다. 마음경제 시대에는 상대방의 마음
(기분)을 읽고 마음을 여는 방법을 정확히 알아야 합니다. 그래
야 고객만족도, 협상도, 팀워크도, 인간관계도, 리더십도 이루
어질 수 있습니다. 그런데 문제는 타인의 마음을 읽고 마음을
움직이는 것이 결코 쉽지 않다는 데 있습니다. 어떤 사람은 그

러죠. 내 마음을 나도 모르겠는데 상대방 마음까지 어떻게 아느냐고! (웃음)

그러니까 어려운 거죠. 괜히 상대방의 기분을 맞추려다가 내 기분마저 나빠지고 스트레스 받기 쉽죠. 그래서 감정노동이라는 개념이 나온 겁니다.

다행히 저는 심리학을 전공해서 이 분야에 대해 공부도 해봤고 보통 사람들보다는 많이 이해하고 있습니다. 그런데 우리 사회의 엘리트들 대부분이 아직도 이런 감성지능의 중요성을 잘 인식하지 못하고 있어요. 그렇기 때문에 소통에 어려움을 겪고 갈등 관리가 잘 안 되는 겁니다. 부유한 사람들, 사회적으로 성취한 사람들 중에 우울증 환자가 더 많다는 조사 결과는 무엇을 의미합니까? 이 사람들의 마음고생이 더 심하다는 것을 의미합니다. 이렇게 우리 사회는 이제 '피로 사회'가 되고 있습니다.

나온 김에 질문 하나 더 드리죠. 육체노동은 남자가 유리할까요, 여자가 유리할까요? (청중 답변: "남자요.") 그렇죠. 근육량이 많은 남자가 더 유리하겠죠. 그렇다면 정신노동은 누가 더 유리합니까? 남자 여자 모두 비슷하겠죠. 예를 들어 무거운 것을 드는 일에는 남자가 유리하겠지만 컴퓨터로 제어할 수 있는 상황이라면 남녀 구분이 없을 겁니다. 그렇기 때문에 두뇌경제 시대에 여성의 사회적 참여가 늘어나게 된 거죠.

그렇다면 감정노동은 남자가 유리할까요, 여자가 유리할까요? 감성력은 여자가 더 풍부하다고 할 수 있어요. 그래서 마음의 경제 시대에는 여성 지도자들의 사회적 진출이 크게 증가하게 됩니다. 선진국을 보면 여성 총리, 여성 CEO, 여성 대학 총장, 여성 은행장들이 많잖아요? 유럽의 어떤 나라는 반 이상이 여성 장관인 곳도 있습니다. 심지어 여성 국방부장관도 속속 생겨나고 있어요.

그러면 여기서 잠깐 최근 화두가 되고 있는 감정노동에 대해 알아보겠습니다.

감정노동의 시대,
'나도 사람이다!'

감정노동이란 무엇일까요? 감정노동은 쉽게 말해서 노동의 대가로 감정을 소모하는 것입니다. 즉, 실제로 본인이 느끼는 감정과는 별개로 자신의 감정을 관리해서 겉으로 드러나는 태도와 표정을 만들어내는 과정에서 감정이 소모되는 노동이죠. 서비스업에 종사하는 분들, 예를 들면 백화점 영업직 근무자, 간호사, 아나운서, 판매원, 승무원 등이 대표적인 감정노동자라고 할 수 있습니다. 요즘은 공무원들도 감정노동의 강도가 높아졌습니다.

무한경쟁의 신자유주의 물결이 휩쓸던 시절, 기업은 특히 2가지의 경영 기법에 몰두하게 됩니다. 하나는 '경쟁전략'이고 또 하나는 '고객만족경영'입니다. 경쟁전략은 하버드대학교 마이클 포터 교수의 주장대로 차별화, 집중화, 저원가(低原價) 등의 전략을 구사해서 경쟁우위에 서는 방책이고, 고객만족경영은 칼자루가 고객에게 넘어간 상황에서 고객의 마음을 사로잡기 위한 피나는 노력이었습니다.

어떤 기업이 고객을 왕처럼 모시겠다고 하니까 또 다른 기업은 '고객은 황제다!'라고 내걸었습니다. 한 수 더 나아간 거지요. 그랬더니 또 다른 기업이 내건 게 뭔지 아십니까?

'고객은 신(神)이다!' (웃음)

정말 고객의 힘은 대단해졌습니다. 문제는 다 같은 사람인데 고객을 왕처럼, 황제처럼, 신처럼 모셔야 되니까 서비스하는 사람은 머슴이 되고 종이 되고 노예가 되는 상황이 된 거지요. 고객은 신이고 항상 옳으니까요.

고객만족 응대에 따라 평가하고 차등 보상하니 얼마나 힘들겠습니까! 무한경쟁의 신자유주의 물결을 타고 감정노동이 심화된 것이지요.

많은 기업들이 고객만족과 고객감동을 위해 직원들의 서비스 역량을 경쟁적으로 강화했습니다. 그러다 보니 몰지각하고 예의 없는 고객 앞에서도 웃으면서 친절을 제공해야 하는 경우가 발생하게 되고, 직원은 감정적 갈등을 겪게 됩니다. 감정노동자들의 18번 노래가 뭔지 아세요? 조용필의 '그 겨울의 찻집'이라는 노래입니다. '웃고 있어도 눈물이 난다'는 가사 때문이랍니다. (웃음)

이러한 감정노동은 이미 우리 사회에 엄청난 파장을 일으켰고, 앞으로도 언제 터질지 모르는 사회적 폭탄과도 같은 위험성을 안고 있습니다. 요즘에는 돈이 많거나 사회적 지위가 있는 사람들이 서비스 현장에서 권위주의적으로 '갑(甲)질'을 하면 순식간에 국민적 분노가 솟아오릅니다. 우리 사회 저변에 감정노동으로 시달리고 있는 수많은 사람들이 있다는 방증입니다.

미국의 사회학자이자 감정노동 분야의 대가인 앨리 러셀 혹실드(Arlie Russell Hochschild)는 1983년 자신의 저서인 《감정노동(The Managed Heart)》을 통해 처음으로 이 개념을 언급했습니다. 그는 감정노동을 '실제 자신이 느끼는 감정과는 무관하게 직무를 행해야 하는 감정적 노동'이라고 정의하고 '대중과 접촉하는 일에 종사하면서 의지를 갖고 어떤 마음 상태를 생산해내야만 하는 일'로 규정했습니다. 분노와 수치심 같은

감정노동의 시대

"실제 자신이 느끼는 감정과는
무관하게 직무를 행해야 하는
감정적 노동"

"대중과 접촉하는 일에
종사하면서 의지를 갖고
어떤 마음 상태를
생산해내야만 하는 일"

Arlie Russell Hochschild

자연스러운 감정마저 상품화하는 무한경쟁 시대의 현상을 반영한 것입니다.

그분의 책이 소개되고 우리나라에서도 그동안 가려져 있던 감정노동에 대한 관심이 그 어느 때보다 높아졌습니다. 이미 감정노동연구소도 생겼고, 감정노동관리사 자격증 제도도 시행되고 있습니다. 이 분야에서는 저도 잘 알고 지내는 김태홍 감정노동연구소장이 선도적 역할을 맡아 활발히 활동하고 있습니다. 이처럼 우리 사회는 감정노동의 시대에 깊숙이 들어와 있습니다.

현대사회로 접어들면서 몸고생은 수십 분의 일로 줄어든 대신 마음고생이 수십 배로 늘어났습니다. 과도한 경쟁, 스트레스와 우울증 등으로 마음이 아픈 사람들이 많아졌죠. 그런데 나이 드신 분들은 젊은 사람들이 마음 아파하는 걸 잘 몰라요. 그저 옛날 식으로 "요새 젊은이들은 고생을 안 해봐서 아무것도 모른다"고 치부하거나 "인내심이 없다"고 한탄하면서 "너희들이 굶어보기를 했냐, 동상에 걸려보길 했냐? 정신을 못 차린다"며 야단을 치는 분도 있습니다.

그런데 알고 보면 그렇지 않아요. 요즘 젊은이들, 고생 엄청나게 합니다. 솔직히 저는 지금의 젊은 세대를 보면 미안한 마음이 생겨요. 그들은 태어나자마자 인류 역사상 가장 극심한 무한경쟁 속에서 정말 숨가쁘게 온갖 스트레스를 받으며 살아왔습니다. 마음고생을 많이 하며 살아온 거죠. 기성세대들은 몸고생을 많이 해왔던 사람들이기 때문에 고생에 대한 기준이 다릅니다. 몸이 힘든 게 진짜 고생이고, 마음이 힘든 건 고생이라고 보지 않는 거죠. 사실 겉으로만 보면 젊은 세대들이 몸은 정말 편하잖아요? 좋은 옷 입고, 좋은 차 타고, 여행도 다니고, 굶는 일도 없고… 그러니까 고생을 모른다고 생각하는데 그렇지 않습니다. 지금의 젊은 세대야말로 마음이 많이 아픈 '마음 고생 세대'입니다.

김난도 서울대 교수의 책 《아프니까 청춘이다》 아시죠? 이 책은 내용도 좋지만 제목이 좋아서 100만 부 이상 팔린 겁니 다. 젊은이들이 공감할 수 있는 책 이름이죠. 만약 이 책의 제목 을 '청춘, 정신 차리고 삽시다!'라고 했다면 독자들에게 외면당 하고 말았을 겁니다. (웃음)

그러므로 여러분이 동료나 부하를 만나면 제일 먼저 그 사

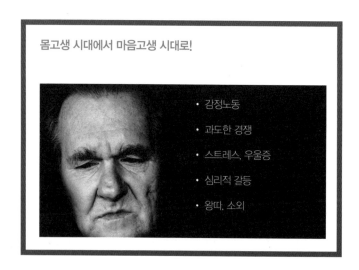

몸고생 시대에서 마음고생 시대로!

- 감정노동
- 과도한 경쟁
- 스트레스, 우울증
- 심리적 갈등
- 왕따, 소외

람의 마음의 지도부터 살펴야 합니다. 그가 좋아하는 것과 싫어하는 것, 현재의 정서 상태 등을 알고 있어야 원만한 인간관계를 만들 수 있습니다. 다시 말해서 그 사람의 머리만 들여다보아서는 안 된다는 것입니다. 무엇을 알고 무엇을 모르는지가 중요한 게 아니라 '마음의 상태'를 읽는 것이 중요합니다.

마음의 상태를 읽지 못하면 자기도 모르게 상대방에게 상처를 줄 수 있습니다. 그중에서도 가장 두드러진 것이 바로 '언어폭력'입니다. 폭력 하면 흔히 육체적 폭력만을 떠올리는 분들이 많은데, 언어 폭력은 마음에 깊은 상처를 남겨 회복을 어렵게 합니다. 평소에 농담을 잘 받아주던 사람이 갑자기 불같이 화를 낸다면 그것은 내재된 마음의 상처를 건드린 결과입니다. 상처를 건드리니 참을 수가 없는 거죠. 항상 다른 사람의 마음부터 봐야 합니다.

조직문화를 바꿀 때도 가장 먼저 언어문화를 바꾸는 일부터 시작해야 합니다. 그래서 많은 기업들이 직원 간의 호칭을 개선하거나 직급과 무관하게 존댓말을 사용하는 등의 노력을 기울이는 것입니다. 감사와 칭찬을 통해 조직문화를 바꿀 수도 있습니다. '감사합니다!'를 생활화하도록 장려하고, 칭찬 릴레

이를 전개하는 활동은 조직문화를 건강하게 바꾸는 데 큰 효과가 있습니다. 이제부터라도 '마음에 답이 있다'는 점을 늘 염두에 두셨으면 합니다. 그래야 진정한 소통이 가능합니다.

지금과 같은 마음경제, 감정노동의 시대에는 소통이 정말 중요합니다. 예전에는 소통이라는 말 대신 커뮤니케이션(communication)이라는 단어를 주로 썼습니다. 커뮤니케이션은 육하원칙에 따라 신속, 정확하게 말하는 기술이고, 요즘 쓰고 있는 소통은 '감성 소통'을 줄인 말로 마음과 마음을 연결하는 것을 의미합니다. 이렇게 마음과 마음을 연결하는 것이 진짜 소통이며, 머리와 머리가 연결되는 것은 두통입니다! (웃음)

심리학 콘서트, 행복

"오늘 우리에게, 심리학이 전하는 행복 메시지"

"심리학의 시대, 협업을 하려면 마음을 열어야 합니다."

협업 사령관, 윤은기!

강신장 | (주)모네상스 대표, 한양대 특임교수, 전 삼성경제연구소 전무

평생을 통해 다양한 분야의 수많은 친구들과 깊은 신뢰와 우정을 쌓아온 대한민국의 슈퍼 마당발 윤은기 회장이 각 분야의 벽을 허물고 고정관념을 뛰어넘는 협업 전선의 총사령관이 되었다. 그가 대한민국을 위해 창조경제의 문을 활짝 여는 협업의 도로를 탄탄하게 놓아주기를 바란다. 창조는 협업을 통해 융합하고 연결하는 것이다. 새 시대를 견인하는 화두 제조기인 그가 뛰어들었으니 틀림없이 대한민국은 협업 강국으로 빠르게 바뀔 것이다.

뉴 패러다임-
융복합과 협업의 시대

우리는 지금 문명의 대전환기에 살고 있습니다. '신자유주의 시대'에서 '신인본주의 시대'로, '두뇌경제'에서 '마음경제 시대'로 패러다임이 크게 바뀌고 있습니다.

이런 대변혁의 물결 속에 있는 오늘날의 시대적 특징은 크게 3가지로 나누어 말씀드릴 수 있습니다.

첫째는 수직적 사회에서 수평적 사회로의 전환입니다. 앨빈 토플러는 1980년에 "세상은 수평적 사회로 바뀔 것이다"라고 예측했습니다. 그의 예측대로 우리는 지금 수평적 사회에 살고 있습니다.

수평적 사회란 뭔가요? 쉽게 말씀 드리면 이런 겁니다. 수직

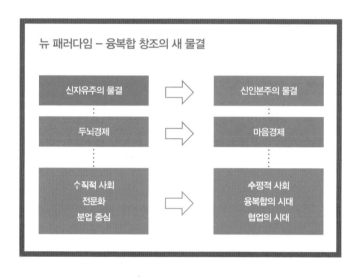

뉴 패러다임 – 융복합 창조의 새 물결

신자유주의 물결	⇒	신인본주의 물결
두뇌경제	⇒	마음경제
수직적 사회 전문화 분업 중심	⇒	수평적 사회 융복합의 시대 협업의 시대

적 위계질서, 권위주의, 갑을관계, 상하관계를 깨고 수평적 신
질서와 신문화를 만들어가자는 겁니다. 여러분, 상사가 무서
워요, 아니면 부하가 무서워요? 요새는 다들 부하가 더 무섭다
고 하더라고요. (웃음) 공감하시죠? 예전의 수직적 사회에선 생
각지도 못한 일입니다. 나보다 아래에 있는 사람한테는 무서울
게 아무것도 없었습니다. 그런데 이제는 부하 눈치를 봅니다.
수평적 사회로 변한 것이죠.

조직문화도 리더십도 수평적으로 바뀌고 있습니다. 상하관계, 갑을관계, 사수와 조수의 관계도 재정립되고 있습니다. 서열을 중시하는 권위주의자는 자멸할 수밖에 없는 세상이 되었습니다.

둘째는 융복합 시대의 도래입니다. 문과와 이과가 합쳐지고, 예술과 경영이, 디지털과 아날로그가 만나는 시대죠. 컨버전스(convergence), 퓨전(fusion), 하이브리드(hybrid), 크로스오버(crossover), 통섭(consilience) 등이 바로 이러한 융복합 현상을 설명하는 용어들입니다. 융복합 시대에는 새로운 가치가 창조되고 그 영역이 무한대로 넓어지는 현상이 발생합니다. 서로

융복합과 협업의 시대

수직적 사회에서
수평적 사회로

융복합 시대의 도래

분업에서 협업으로!

섞이면서 전문 영역이나 분야별 경계가 무너지고 상상하지 못했던 새로운 결과물이 창출되는 것이죠.

그러나 그와 동시에 충돌, 마찰, 모순, 혼돈, 엽기 등과 같은 부정적 현상들이 발생하기도 합니다. 각 분야 각 계층의 영역과 경계가 무너지면서 지금까지 만나지 못했던 것들을 만나기 때문입니다. 예를 들자면, 어떠한 방패도 뚫을 수 있는 창과 어떤 창도 막아낼 수 있는 방패가 실제로 만난 겁니다. 그러면 어떻게 될까요? 어떤 일이 벌어지죠? (청중에게) 대답을 하셔야죠. (웃음) 잘 모르겠다고요? (청중 답변: "안 만나야 해요.") 안 만나야 해요? 안 만날 때는 문제가 없어요. 방패와 창의 기능을 모두가 인정해주니까요. 최고의 명기인 창, 최고의 명기인 방패로 말이죠. 그런데 이 둘이 만났단 말입니다. 이런 경우에 말도 안 되는 상황, 즉 모순이 발생하는 거죠.

지금까지는 A가 이야기하면 '맞습니다', B가 이야기해도 '맞습니다', C도 '맞습니다'라고 해왔습니다. 칸막이가 나누어져 있던 시대에는 그래도 괜찮았으니까요. 그런데 달라졌어요. 각각의 전문 영역에서는 맞던 것이, 융복합되어 실제로 만나보니까 창과 방패가 만난 것과 같은 일이 벌어지는 겁니다. 이걸 흔히 모순이라고 이야기하죠. 우리는 여러 경계가 무너지는 이런 융복합 상황에서 새로운 고민에 빠지게 된 겁니다. 혼돈의 시대, 모순의 시대를 맞이하게 된 거지요.

이런 고민을 해결하고자 새롭게 제시되었던 것이 바로 '인문학'입니다. 융복합 시대에 모순의 해결책을 찾기 위해 인문학에 길을 묻게 된 것이죠. '문사철(文史哲)'이 인문학의 3대 기둥인데, 고전문학인 '문'과 역사적 통찰의 '사', 그리고 인간의 내면을 깊이 연구하는 철학인 '철'을 통해 융복합 사회의 다양한 모순들을 해결할 수 있는 길을 모색해보자는 것입니다. 그래서 인문학 붐이 일어난 거죠. 인문학 공부를 하면 시야가 넓어지고 융복합 지능이 강화됩니다.

제 주변에서도 많은 분들이 인문학 공부를 시작했습니다. 어떤 분은 단테의 《신곡》을 비롯한 고전 100선에 다시 도전을 하겠대요. 그리고 로마의 역사부터 시작해서 역사 공부를 통해 통찰력을 길러야겠다는 목표도 세웁니다. 더 나아가 쇼펜하우어, 니체, 아리스토텔레스의 철학도 다시 공부하겠다고 하는데, 이거 보통 일이 아닙니다. 일단 너무 방대하잖아요. 그리고 인문학 속에도 서로 상충하는 진리들이 많이 있다 보니까 엄청난 산맥 속을 헤매는 상황이 벌어지기도 합니다. 그래서 '혼돈의 시대, 인문학에 길을 묻다'는 슬로건 아래 공부하던 사람들이 나중에는 이렇게 이실직고하더라고요. "인문학에서 길을 잃었다"라고! (웃음)

인문학 공부는 정말 필요합니다. 그런데 인문학으로 정답을 바로 찾으려고 하면 안 됩니다. 인문학은 통찰력을 주는 학문이지 곧바로 정답을 주는 학문은 아니니까요. 그리고 인문학 공부는 반드시 좋은 스승과 함께해야 길을 잃지 않습니다.

마지막으로, 우리는 분업에서 협업 시대로 전환하는 시대에 살고 있습니다.

제조업 기반의 대량생산이 중심이 되었던 과거에는 생산성과 능률을 극대화시킬 수 있는 분업 방식이 각광을 받았습니다. 업무 공정, 사업을 세분화하고, 각각의 책임과 역할을 확실하게 구분함으로써 각 영역의 효율성과 전문성을 극대화할 수 있는 최적의 방식이었습니다. 조직 운영도 분업 체제에 맞춰 기능 중심으로 짜고 상하 간 '통제의 범위(span of control)'를 정해서 명령, 지시, 감독을 한 거지요.

과거의 수직적 분업 사회에서 하청업체는 시간 단축, 비용 절감을 위한 과학적 관리의 보편적 형태였습니다. 인류는 지금 수직적 분업에서 수평적 협업으로 대전환하고 있습니다. 수평적 결합에 의해 새로운 가치나 메가 시너지를 창출하고 있습니다. 이뿐만 아니라 상생과 동반성장이라는 이 시대의 사회적 가치를 협업으로 만들어가고 있습니다. 지금은 용어도 하청업체라는 말 대신 협력업체라는 말을 쓰고 있습니다. 하청업체 하면 갑을관계, 상하관계가 연상되고 경제민주화나 상생의 가치와 충돌하기 때문입니다.

이제는 생산성이나 능률만으로 살아남을 수 있는 시대가 아닙니다. 제품이나 서비스 자체의 품질을 넘어 새로운 사회적 가치를 담고 있지 않다면 소비자의 외면을 받게 됩니다. 이제는 수평적 협업의 시대입니다. 개인과 부서, 조직, 산업 간 적극적인 교류와 소통을 통해 메가 시너지를 창출해야만 하는 시대입니다.

글로벌 기업 P&G의 사례만 보더라도 내부 협업을 통한 시너지의 효과를 확인할 수 있습니다. 2001년 P&G에서 출시한 치아 미백용 테이프 제품의 경우, 내부의 구강관리 전문가와 섬유 및 가정용품 분야 전문가, 그리고 중앙연구소 전문가가

협업하여 탄생한 제품입니다. 이 외에도 P&G는 비누, 기저귀, 치약, 감자칩 등 기존의 기술 및 제품을 다양하게 결합해서 매력적인 신제품을 출시하고 신규 시장에 진입할 수 있었습니다.

결국 각자가 지닌 서로 다른 전문성과 역량들을 새롭게 융복

Photo by Kenny Kang
황혼, 낮과 밤이 만나는 융합과 창조의 시간

합시킴으로써 가치를 창출해낸 좋은 사례라고 할 수 있습니다.

이러한 3가지 시대적 특징들을 하나로 종합하면 인류는 지금 새로운 대변혁의 물결 속에 있다는 것을 알 수 있습니다. 지금 우리는 '융복합 창조의 새 물결' 속에 살고 있습니다.

:: Collabo! Bravo! ::

'작은 우리'에서 '큰 우리'로

김재우 | 한국코치협회 회장

우리 대한민국은 지난 40여 년간 빠른 속도로 앞만 보고 달려와 오늘의 기적을 이루었다. 하지만 한편으로는 그 속에서 우리 회사, 우리 조직이라는 작은 '우리'의 프레임에 갇히게 된 것 또한 사실이다. 이제는 협업으로 '우리'의 틀을 바꾸어야 한다. 시대의 변화를 상징하는 '콜래보노믹스(collabonomics)'란 키워드를 제대로 이해해야 한다. 정보기술의 발전으로 좁아진 세상에서 조직 간 경쟁이 생태계 간 경쟁으로 바뀌었기 때문이다. 협업을 통해 '작은 우리'에서 '큰 우리'로 전환해야 한다. 그래야만 상생이 가능하다.

윤은기 박사는 방송인, 대학 총장, 중앙공무원교육원장 등으로 활약해오면서 해당 분야의 변화를 선도하는 역할을 수행했고 성공을 거두었다. 지금 그가 추진하는 협업운동은 그 범위가 훨씬 광범위하다. 대한민국이 새로운 성공 방정식을 쓸 정도로 패러다임 시프트(paradigm shift)하는 데 큰 역할을 할 것으로 믿는다. 협업이 바로 대한민국의 축복이라는 데 전적으로 동의한다.

정부 3.0 = 개방+공유+소통+협력 = 협업 행정

시대적 상황에 따라 국가의 국정 목표도 달라집니다. 박근혜 정부가 내건 국정 목표는 창조경제, 문화 융성, 정부 3.0, 국민 대통합, 국민 행복입니다. 국가 발전 단계와 융복합 창조의 신 (新)문명을 읽고 설정한 것이지요.

요즘 언론에 보도되는 박근혜 대통령의 어록을 보면 특히 강조하는 2가지가 있습니다.

첫째는 소통하고 협업하라는 것, 둘째는 규제 개혁입니다. 그동안 창조경제를 내걸고 국정 운영을 해보니 대한민국 곳곳에 무수한 장벽들이 존재한다는 것을 확인한 것입니다. 이렇게 곳곳에 장벽이 있다면 소통과 협업이 쉽지 않겠지요. 그러

정부 3.0, 이제는 협업이다!

박근혜 정부, 국정 운영 핵심 추진전략 '협업' 채택 | 정부 부처 및 민·관 분야 협업 확대

[주요 보도 및 공표 사례]

1. 경제 혁신 3개년 계획 '창조경제'의 실천 테마 : 협업과 소통
2. 정부 3.0의 '화합과 소통' 정책 방향에 적합한 테마로 '협업' 선정
3. "새로운 협업의 틀을 짜야 한다!"
   (세월호 참사 수습 후 국무회의에서 박근혜 대통령, 2014. 4. 29)
4. "부처 간 협업 통해 효율적으로 문제 해결 필요"
   (국무회의 시 박근혜 대통령, 2015. 1. 6)

니 장벽에 구멍을 내고 문을 달아 협업하라는 거죠. 그리고 융복합 창조의 움직임을 방해하는 규제의 끈을 풀어서 활발하게 경제 발전을 이루겠다는 것입니다. 그것이 바로 창조경제의 핵심입니다. 그래서 요즘 대통령께서 창조경제와 함께 소통과 협업, 규제 개혁, 그리고 정부 혁신과 공기업 혁신을 강조하고 있습니다.

우리나라의 정부 부처 간 장벽은 정말 만만치 않습니다. 그래서 저는 2010년 중앙공무원교육원장으로 취임했을 때 10대 국정 과제를 융복합적으로 배우는 과정부터 개설했습니다. 대한민국 중앙부처의 국장과 실장이 1,300명쯤 됩니다. 이 1,300명이 다 자기 분야에서는 전문가들인데, 다른 분야는 서로 건드릴 생각도 하지 않고 터치하는 것도 싫어합니다. 자기 부처 일에만 매달리는 거지요. 그러나 10대 국정 과제 정도쯤은 장수급인 국·실장이 정확히 알고 있어야 융복합 정책도 수립할 수 있고 부처 간 협업도 가능할 것 아니겠습니까! 그래서 제가 10대 국정 과제를 함께 배우는 '국가전략세미나' 교육과정을 만들었습니다.

그 과정을 잠깐 소개할까요? 대한민국 국가 공무원 국·실장

1,300여 명이 10대 국정 과제를 학습하여 국정 전반을 이해하고, 이를 기반으로 부처 간 장벽을 넘어 협동성을 높일 수 있는 융복합 정책을 개발하는 것이 교육 목표였습니다. 10대 국정 과제에 대해 가장 정확하게 이야기해줄 수 있는 사람이 누구겠습니까! 현직 장·차관, 청와대 수석이지요. 그래서 이분들을 강사로 모셔서 강의를 진행하려고 했어요. 근데 이게 쉽지 않은 겁니다. 장관 일정을 잡는 것도 어렵고, 국·실장의 일정 잡기도 여간 힘든 게 아니에요. 그래서 '이 아이디어를 실현할 수 있는 제일 좋은 방법은 하나밖에 없겠다'고 생각하고 당시 대통령에게 직접 말씀드렸죠. "융복합 행정을 하려면 각 부처 국·실장들이 함께 참여하는 이 교육과정을 꼭 해야 합니다" 하고 말씀드리니까 "그렇지, 맞아! 그대로 하라고!" 하시기에 "이게 성공하려면 한 가지 조건이 있습니다"라고 말했어요. "그게 뭡니까?" "대통령께서 직접 강사로 와주시면 됩니다." 그렇게 해서 일이 성사되었어요. 그때까지 대통령은 중앙공무원교육원에서 강의를 해본 적이 없었습니다. 그런데도 어렵게 일정을 뽑아 직접 강의를 하니까 당연히 교육생들도 좋아하고 대통령도 좋아하시는 겁니다. 그 상태에서 다시 말씀을 드렸죠. "계속

오시면 더 좋겠지만 물리적으로 불가능하니, 향후에는 장·차관과 수석비서관들이 와서 강의를 하게 해주시면 됩니다" 해서 아이디어를 관철시켰어요.

국가전략세미나 교육은 매 기수 100여 명씩 참여하고, 3과목씩 4회를 진행해서 총 12과목을 듣는 과정으로 구성했는데, 10과목은 '10대 국정 과제', 2과목은 '세상의 변화'였습니다. 평일은 강사인 장·차관들도 일정이 어렵고 교육 대상인 국·실장도 시간을 내기가 어렵기 때문에 결국 토요일 오전에 교육을 진행하게 되었습니다.

교육 첫날 국·실장들의 표정이 좋지 않더군요. '드디어 이제는 주말까지 비틀어 짜는구나!' 하는 생각이었던 거죠. 그래서 공무원 교육 최초로 '리셉셔니스트(receptionist)' 개념을 도입했습니다. 교육을 받으러 왔을 때 그냥 출석부 사인만 받은 게 아니라 진심으로 환영해주고 별도의 다과 테이블을 배치했습니다. 다과 테이블을 중심으로 각 부처에서 온 국·실장들끼리 자연스럽게 소통하는 대화의 시간을 갖게 했죠. 또 강의장 옆에 포토존을 만들어서 동기생, 선후배들이 같이 사진을 찍을 수 있게 했어요. 강의하러 온 장관이나 청와대 수석들과도 사진을 찍을 수 있게 했죠. 그것으로 끝나는 게 아니라 교육을 마치고 나오면 즉석 인화기로 사진을 미리 뽑아서 게시판에 다 붙여놓았어요. 반응이 아주 좋았습니다. 강의 내용도 좋고 서로 어울릴 수 있는 소통의 장이 되니까 "이런 공부라면 더 해도 괜찮다"면서 "교육 받으러 오는 게 즐겁다"고 하는 겁니다. 교육 과정 만족도가 매 기수 90%를 넘었습니다. 이 과정은 부처 산 장벽을 넘어 상호 협업 행정을 촉진하는 중요한 기반이 되었다고 생각합니다.

이어서 추진한 것이 각 중앙부처 고위 공무원과 공기업 임원급이 수강하는 1년짜리 교육과정에 민간기업 CEO들이 3개월간 함께 공부할 수 있게 하는 프로젝트였습니다. '민관합동 세미나'를 진행한 거지요. 처음에는 교육원 간부들의 우려가 굉장히 심했습니다. 혹시 교육생들끼리 접대를 주고받거나 골프를 치는 등의 문제가 발생하면 뒷감당을 하기가 어렵다는 얘기였어요. 그러나 저는 중소기업중앙회, 대한상공회의소, 벤처기업협의회 등에 추천 의뢰를 해서 민과 관이 동수로 참가하는 민관융복합과정을 만들었습니다. 고위 공직자들은 기업인들이 무엇 때문에 고민을 하는지를 알아야 하고, 기업인들은 공직자들이 정책 수립과 진행을 위해 어떤 고민을 하는지 이해할 수 있도록 한 거지요. 이 과정은 지금까지 성공적으로 매년 진행하고 있어요.

이전에는 서로 만나지 않던 사안들이 만나다 보면 마찰과 갈등, 혼란이 발생할 수도 있습니다. 그렇기 때문에 융복합을 조화롭고 긍정적, 생산적으로 이끌어내는 융복합 지능이 필요한 거지요. 공무원 교육의 기반에도 인본주의가 깔려 있어야 합니다. 공무원도 인간입니다. 이들이 자긍심과 보람을 느낄 수 있도록 하면 벅차게 느껴지는 도전 목표도 잘 달성해냅니다.

상황 발생 초기부터 주(state) 간의 협업 시스템이 잘 구축되어 있는 미국과 달리 우리나라는 부처 간 협조를 얻기 위해 먼저 공문을 보내야 하고 상사의 결재를 받는 복잡한 구조입니다. 이러한 시스템 속에서는 급박한 상황에서의 대처가 어려울 수밖에 없습니다.

특히 우리나라에는 정부 부처끼리 서로의 영역을 터치하지 않는 암묵적인 문화와 관습이 있는데, 이를 빨리 타파해야 합니다. 2014년 봄, 서울지방경찰청은 50년 동안 유지되어오던 '지역 관할'을 없애고 신고가 들어오면 현장에서 가장 가까운 순찰차가 출동하는 '112 신속출동제'를 도입했습니다. 그전에는 신고가 들어오면 자신의 관할구역인지 아닌지 지도부터 먼저 확인했는데, 이러한 규정과 관할 장벽을 과감하게 탈피했더니 범죄 현장 검거율이 60% 이상 상승했다고 합니다. 정말 대표적인 협업의 모범 사례라 할 수 있습니다. 경찰 업무의 핵심 목표는 '시민 안전'입니다. 목표를 정확하게 설정하니 없애야 할 장벽이 무엇인지 명확하게 보였던 것입니다.

협업의 장점이 뭔지 금방 아셨지요? 별도로 인력이나 장비를 추가 투입하지 않고도 이처럼 협업 체계를 갖추면 엄청난 시너지가 발생한다는 겁니다. 여러분을 위해 밤낮으로 수고하시는 경찰들을 위해서 큰 박수를 보내주시죠! (박수)

협업은 정부의 크고 작은 조직, 더 나아가 대한민국 전체를 통합하고 시너지를 창출할 수 있는 축복입니다. 그러면 이제부터 협업에 대해 좀 더 실질적인 이야기를 나누어보도록 하겠습니다.

지자체, 협업으로 창조하라!

새로운 미래, 협업 시대가 온다

김종국 | 동반성장위원회 사무총장

나는 윤은기 회장을 중앙공무원교육원에서 만났다. 그는 중앙공무원교육원 원장으로 누구보다 중소기업의 협력 중심 경영을 강조하고 또 강조했다. '혼자서도 잘하지만 함께하면 더 잘할 수 있는 중소기업'을 경쟁력 있는 중소기업의 모델로 꼽고, 사회와 인류의 보편적 가치를 추구하며 더불어 성장하는 '3-WIN'을 제시했다. 흔히 말하는 CSR(기업의 사회적 책임)와 CSV(공유가치 창출)가 협업의 정신과 연결되어 있음을 일찍이 간파하고 앞장서 전파한 셈이다.

그는 입을 열 때마다 "개인이 덕을 베풀면 운이 열리는 것처럼 기업과 국가도 덕을 베풀면 사운과 국운이 열린다"고 말한다. 바로 '협업적 덕치경영'이다. 나는 이것이 제3의 물결처럼 시대적 명제가 되어 우리가 꿈꾸는 더 좋은 사회를 실현할 수 있을 것이라고 본다.

협업이 대한민국의
운명을 바꾼다

우리 민족의 핏속엔
협업 DNA가 흐른다

제가 이렇게 협업을 해야 한다고 강조하면, 어떤 사람들은 "우리나라 사람들이 협업을 한다고? 그게 쉽겠냐?"며 부정적인 반응을 보입니다. "안 되는 이유가 뭐냐?"고 물으면 "사촌이 땅을 사도 배가 아픈 사람들인데, 협업은 무슨 협업이냐"고 하거나 "자기 혼자 잘살려고 기를 쓰는 사람들이 할 수 있겠냐"며 태생적으로 한국인은 협업을 못한다고 회의적으로 말합니다. 이런 고정관념에서 빨리 벗어나야 합니다.

일본이 식민통치 기간에 가장 두려워했던 것이 무엇인지 아십니까? 바로 조선인들이 단결하는 것이었습니다. 지난 역사를 돌아보면 세계적으로 식민지배를 했던 나라의 식민통치술

제1조 1항은 바로 단결할 수 없도록 쪼개고 쪼개는 겁니다. 그래서 '조선 사람들은 원래 단결이 안 된다', '당파 싸움으로 일관했다', '원래 민족적 DNA가 그렇다'며 계속해서 세뇌 교육을 시켰던 겁니다. 이러한 식민지배 교육의 후유증으로 아직까지도 한국 사람들은 단결력이 없다고 생각하는 사람들도 있는 것 같습니다.

그런데 잘 생각해보세요! 정반대입니다. 우리나라 사람들은

협업 DNA를 계승한 민족

〈두레〉 출처: 파주금산리민요보존회

〈가을 품앗이〉 출처: Koreanity.com

개성이 강하면서도 상황에 따라 하나가 되는 문화적 뿌리를 갖고 있어요. 두레, 품앗이, 의병과 같은 전통문화만 봐도 그렇지요. 거기에는 우리 조상들의 협업적 마인드와 협업적 지혜가 담겨 있습니다. 우리 민족은 진짜 강한 협업 DNA를 가지고 있습니다.

예를 들어보죠! 오래된 우리 민족의 협업 DNA가 계승되어 폭발적으로 나온 것이 바로 '금 모으기 운동', '2002 월드컵'입니다. 국가 경제가 어렵다고 자신의 금팔찌, 금반지, 금메달까지 내놓는 국민들 보셨나요? 이 밖에도 우리는 대대로 국가적 위기 상황에서 국민 하나하나가 자신의 노동력과 재산을 기꺼이 내놓아 대승적 협업을 이루어온 사실을 수없이 확인할 수 있습니다.

2002 월드컵 4강 성과도 다들 기억하시죠? 4강 진출의 결과가 선수와 감독만 잘해서 나온 걸까요? 선수, 감독, 붉은악마, 그다음에 국민, 언론, 시민단체, 정부, 지자체… 온 나라가 합심을 해서 세계가 놀란 일을 해낸 거죠. 바로 위대한 협업의 성과인 것입니다.

태안 기름 유출 사건은 또 어떻습니까? 사고가 났을 때 전국에서 봉사자들이 모였습니다. 해안가 자갈보다 자원봉사자 수가 더 많다는 이야기까지 나왔습니다. 이게 어떻게 가능했을까요? 하나가 되어 뭉치는 한국인의 협업 DNA, 협업문화가 있었기 때문입니다.

우리나라는 낡은 문화를 혁신적으로 바꾸는 데서도 아주 탁월한 힘을 발휘합니다. 제가 방송 활동을 10년 넘게 했는데, KBS 제1라디오 일일 시사프로그램 '생방송 오늘' MC로 활동하던 당시 화장실 개선 문화운동을 하겠다는 분을 초청해서 여러 번 인터뷰를 했습니다. 그런데 이건 단순히 화장실을 개선하는 정도가 아니라 대한민국의 문화와 문명을 바꿀 수 있다고 말하는 겁니다. 왜냐, 공중화장실이 바뀌면 위생이 바뀌고, 위생이 바뀌면 문화가 바뀐다는 거예요. 게다가 우리나라를 찾아오는 관광객 숫자도 달라진다고 해요. 국가 이미지도 달라진다는 신념을 가지고 있더라고요. 그 후 화장실 개선 문화운동이 활발히 전개되었지요. 그런데 방송국으로 항의 전화나 엽서가 정말 많이 왔습니다. "달동네 가면 먹고 살기도 힘든 사람들이 많은데, 화장실에 몇 백만 원, 몇 천만 원씩 돈을 쓰는 그 발상 자체가 미친 거 아니냐?"는 겁니다. 공영방송에서 왜 이런 사람들을 초청해서 인터뷰를 하느냐며 난리가 났죠.

그런데 지금은 어떻습니까? 우리나라 고속도로 휴게소의 공중화장실을 보세요. 세계에서 위생 분야 최고라는 일본 지자체에서 견학을 와서 배우고 갈 정도입니다. 유럽에서도 공무원들이 견학하러 옵니다. 이렇듯 화장실 문화가 바뀌니까 정말 문화가 바뀌고 관광산업이 성장하여 국가의 이미지까지 바뀌는 겁니다.

몇 년 전에 거제도에 있는 '바람의 언덕'에 놀러 간 적이 있어요. 그곳에 시드니의 오페라하우스처럼 생긴 그림 같은 아름다운 건물이 하나 있더라고요. 그래서 제가 가이드에게 "저건 무슨 건물인가요?" 하고 물어봤죠. 그랬더니 화장실이래요. (웃음) 우선 사진부터 찍고 나서 확인차 직접 들어가봤어요.

이야~! 안은 더 멋졌습니다. 돌아와서 제가 그날 찍은 사진과 함께 페이스북에 이런 글을 썼습니다.

'대한민국 공중화장실, 위생을 넘어서 아트(art)로 가고 있다!'

우리나라 사람들은 목표와 방향이 제대로 정해지면 무서울 정도의 속도로 혁신을 이룩해냅니다. 국가 이미지 개선과 문화 수준 향상을 위해 공중화장실을 고칠 때도 놀라우리만치 빨리 작업을 완료했어요. 새로운 가치를 발굴해서 거기에 꽂히면 순식간에 바꿀 수 있는 것이 바로 우리나라 사람들의 협업 역량입니다.

그런 맥락에서 저는 대한민국이 협업 강국, 협업 선진국으로 금방 도약할 수 있다고 확신합니다. 이것은 제 꿈이기도 하지요. 협업으로 '새로운 한강의 기적'을 일으킬 수 있습니다. 협업은 대한민국의 새로운 희망입니다. (박수)

:: Collabo! Bravo! ::

협업, 창조의 근원

박재갑 | 국립암센터 초대원장, 서울의대 명예교수

윤은기 박사의 강의는 명쾌하다. 서울대학교 의과대학 교수 시절의 전체 교수 워크숍, 국립암센터 원장 시절의 명사 초청 특강, 글로벌문화경제포럼의 조찬 세미나, 그리고 백강포럼 조찬세미나 등에서 그의 강의를 들을 때마다 유익한 내용을 단순 명료하게 전달하는 모습에 매번 감탄을 금치 못했다. 늘 한발 앞선 화두를 제시하며 변화를 선도해오신 윤 박사께서 지금은 한국협업진흥협회를 통해 서로 다른 분야 간 소통과 협업의 활성화를 위해 힘을 쏟고 있다.

모든 생명체는 생명을 단절 없이 이어가기 위하여 서로 다른 이질적 존재인 암컷과 수컷이 짝짓기라는 최고의 협업을 하고 있다. 이처럼 협업은 창조의 근원이다. 창조경제를 주창하고 있는 지금의 시대에 협업은 대한민국의 발전을 위한 힘찬 에너지가 될 것이다.

남과 여, 영원한 협업 파트너

협업,
이(異) 길에 답이 있다

그러면 협업이란 구체적으로 무엇을 말하는 걸까요? 사전적으로 내부 협업은 '조직 내 서로 다른 부서나 구성원들이 공동의 과업을 달성하기 위해 같이 일을 하거나 상당한 수준의 도움을 주는 것'입니다. 외부 협업은 '두 개 이상의 조직 또는 개체가 서로 다른 전문성(강점)을 결합하여 새로운 가치를 창출하는 것'을 의미합니다.

협업의 가치는 크게 2가지입니다. 첫째는 융복합 창조를 일으킨다는 겁니다. 서로 다른 것을 결합하여 새로운 가치를 만드는 것이죠. 그런 면에서 스티브 잡스는 융복합 창조의 대가입니다. 에디슨은 어떨까요? 에디슨은 원천 창조자입니다. 실험실에서 연구에만 몰두해서 이 세상에 없는 새로운 것을 만들어낸 사람이지요.

창조 1.0은 원천 창조, 창조 2.0은 모방 창조, 창조 3.0은 융복합 창조라고 말할 수 있습니다. 요즘 지구촌에서 벌어지는 창조의 90% 이상은 기존의 것을 재배열하고 새롭게 매칭하는 융복합 창조입니다. 이로 인해 다양한 뉴 비즈니스의 기회가 생기는 겁니다.

둘째로 협업은 메가 시너지를 일으킵니다. 1+1=2+α 이것이 지금까지의 시너지 개념이었습니다. 그러나 +α가 크면 얼마나 크겠습니까! 고작 한 자리 수에 불과합니다. 그러나 협업을 하면 1+1 =50, 100, 1000도 가능합니다. 구글, 애플, 알리바바 등 단기간 내에 엄청난 성과를 낸 기업들은 바로 협업, 오픈 이노베이션을 통해 메가 시너지를 냈던 것이지요.

이처럼 융복합 창조와 메가 시너지를 일으키는 협업에서 핵심은 바로 '이(異)'라는 개념입니다. 협업의 핵심적 철학은 '다름'의 융합에 있습니다.

우리는 다름을 받아들일 준비가 되어 있습니까? 인류 문명을 되돌아보면 다름을 적(敵)이나 틀림으로 간주했습니다. 중

협업의 기본 개념

異길에 답이 있다!

세 시대에 이교도들을 왜 죽였습니까? 나와는 다른 종교니까 신의 이름으로 당당하게 죽인 거죠. 이민족의 나라는 쳐들어가서 점령하고 살육하고 잡아다 노예를 만들어버렸어요. 너무나도 당당하게 말입니다. 이유는 하나, 다른 민족이었기 때문이죠. 이렇게 인류는 수천 년의 역사 동안 다름을 '틀림'으로 생각하고 적으로 여기며 배척해왔습니다.

우리도 그동안 같은 것만 추구하도록 배웠고, 다름을 배척하는 문화 속에서 살아왔습니다. '끼리끼리 문화'나 '우리가 남이가!' 이런 의식의 한편에는 다름을 배척하는 의식이 도사리고 있는 거지요. 동기생, 동료, 동지, 동창생, 동향인 등 유독 같을 동(同)자를 좋아하는 문화의 이면에는 다름을 배척하고 다름에 의해 입게 될지 모르는 피해나 화를 면해보려는 심리가 작동하고 있습니다. 저에게 지인을 소개하면서 '동탕생'이라고 하는 분을 본 적이 있습니다. 동탕생이 뭔가 했더니 같은 헬스장 사우나탕을 이용하는 사람이라는 겁니다. (웃음) 갖다 붙일 걸 붙여야지요!

하지만 이제는 시각을 바꾸어야 합니다. 근본적으로 바꿔야 합니다. 다름 속에서 시너지가 창출되는 시대니까요. 수직적 사회에서 수평적 사회로 바뀌고, 한 우물만 파던 시대에서 융복합 창조 시대가 되었습니다. 이처럼 '동(同)의 시대'에서 '이(異)의 시대'로 대전환이 이루어지고 있습니다.

:: Collabo! Bravo! ::

공기업 경영, 협업에 길이 있다!

서문규 | 한국석유공사 사장

1979년 한국석유공사에 제1기 공채로 입사하여 최고경영자가 되기까지 조직의 변화와 성장을 수없이 경험하면서 발견한 경영의 키워드를 꼽으라고 한다면, 공명정대(公明正大), 협업(協業), 상경하애(上敬下愛) 등이 될 것이다.

한국석유공사는 해외자원 개발사업의 특성상 지질·자원·시추·운영·건설 등 여러 분야의 통합된 전문 지식과 경험을 필요로 한다. 또한 다양한 문화, 종교, 인종을 가진 국가들과 협상을 해야 하고, 현지의 기업과 지역사회 등 다양한 이해관계자들과도 협력해야 한다. 사업의 불확실성과 위험성이 큰 만큼 전문화된 다른(異) 영역 간의 창조적 협업과 다양한 이해관계자들 간의 상생적 협업이 성공 포인트라고 할 수 있다.

윤은기 회장을 초청하여 전 임직원들과 함께 강의를 듣고 자문을 받은 후 나는 협업을 통해서만 창조경제와 공생 발전의 길로 나아갈 수 있으며, 공기업의 경영 혁신도 협업에 길이 있음을 확신하게 되었다.

"협업은 동반성장입니다."

협업의
사회적 가치

저는 다름의 가치를 추구하는 협업이 '창조경제'이자 '공생 발전'의 핵심 대안이라고 생각합니다. 무한경쟁 시대에는 승자가 독식하고 패자는 모든 것을 잃었지만, 협업을 하면 강자와 약자가 모두 함께 살 수 있습니다. 대기업과 중소기업이 동반성장할 수 있습니다.

또한 협업은 조직과 업종을 뛰어넘어 이루어질 수 있습니다. 기관과 기관끼리 할 수 있고, 기관 내의 서로 다른 부서 간에도 이루어질 수 있습니다. 이렇게 협업을 통해서 사회 전체가 통합과 상생의 기반을 다질 수 있습니다.

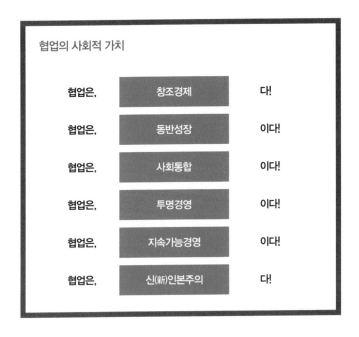

협업의 사회적 가치

협업은,	창조경제	다!
협업은,	동반성장	이다!
협업은,	사회통합	이다!
협업은,	투명경영	이다!
협업은,	지속가능경영	이다!
협업은,	신(新)인본주의	다!

제가 슬라이드에 적은 내용을 보시면 협업은 투명경영을 이루게 하고, 지속가능경영과 인본주의를 실현한다고 되어 있습니다. 이게 무슨 이야기냐고요? 협업을 한다고 가정해봅시다. 그러면 가장 먼저 우리 조직이 원하는 협업 성과의 목표 달성에 최적화된 파트너를 물색하여 선정할 겁니다. 그래서 상대에게 "협업을 하자!"고 제안하면 상대방도 받은 제안에 대해 검

토하겠죠. 협업을 통해 성과가 나오겠다고 판단되면, 그다음에 협업할 상대의 신뢰성을 반드시 검토할 겁니다. 투명경영을 하는지, 윤리경영은 제대로 하고 있는지, 사회적 공헌은 제대로 하고 있는지에 대한 평판 조사 등을 진행합니다. 이러한 과정을 거치면 역량이 아무리 탁월해도 믿을 수 없는 상대와는 협업할 수 없다는 결론에 이르게 됩니다.

협업문화, 협업 경제가 확산될수록 투명경영이 함께 발전할 수밖에 없습니다. 협업은 이렇게 사회를 깨끗하게 하는 순기능도 가지고 있습니다.

다름을 인정하고 협업할 때 동반성장과 상생이 가능해집니다. 협업은 조직의 성과 창출을 가능하게 해줄 뿐 아니라 더불어 살아가는 건강한 사회의 핵심 동력으로 작동하고 있습니다. 다양성이 존중되고 그 기반 위에서 건강한 생태계가 살아 움직이게 되는 것이지요.

여러분,

'이(異) 길에 답이 있습니다!'

협업은 소통을 위한 창과 문을 내는 것으로부터 시작된다.

:: Collabo! Bravo! ::

삼통일평(三通一平)과 감사로 이루는 협업

손욱 | (사)행복나눔125 회장

협업이란 협력하여 업(목적)을 달성하는 것이므로 소통 없이 협업을 이룰 수
없다. 소통하려면 말과 뜻과 마음 3가지가 다 통해야 하는데, 이를 '삼통(三
通)'이라 한다. 마음이 통하지 않으면 진정한 협력은 불가능하다. 여기서 마음
이 통하려면 마음이 열려야 하고 '수신제가 치국평천하'에서 평천하 수준의
높은 목표로 마음을 하나로 모을 수 있어야 하는데, 이를 '일평(一平)'이라 한
다. 또한 각자의 마음에 감사가 깃들어 있어야 한다. 즉, 감사와 삼통일평의
소통이 있어야 진정한 협업이 가능하다.

세종대왕은 늘 '백성은 나라의 근본'이라는 감사의 마음과 "나는 잘 모르니 의
논하자", "왕의 잘잘못을 모두 직언하라"며 마음을 열고 소통할 수 있는 문화
로 과학기술 강국을 만들었다. 오늘날 우리가 맞이한 거대한 파도 앞에서 모
두가 발전하는 길도 감사를 기반으로 한 협업 역량밖에 없다!

협업을 위한 소통의 문, 콜라보메이트로 열어라!

협업을 통한 조직 혁신, 경영 혁신을 할 때 조심해야 할 것이 있습니다. 전문 영역을 모두 파괴하려 들면 실패하기 쉽다는 겁니다. 협업은 기존의 강점을 파괴하는 것이 아니라 결합하여 새로운 가치를 창출하는 겁니다. 과격한 혁신 방법은 실패하기 쉽습니다. 지금은 민주화 시대이기 때문에 '잭 웰치 식'의 혁신은 더 이상 어려운 거지요. 잭 웰치는 별명이 중성자탄이었습니다. 자르고, 날리고, 통째로 M&A하고…. 그래도 아무 말 못하고 다들 따라갔어요. 무한경쟁 시대였기 때문이죠. 그때는 CEO들이 절대권력을 휘두르던 시절이었어요. 지금은 그렇게 하면 사람들이 하루도 못 버틸 겁니다. 물론 현재 GE를 이끌고 있는 제프리 이멜트 회장은 스마트한 리더십을 발휘하고 있습니다.

아무리 명분이 뚜렷해도 상대방의 마음을 이해하지 못하면 안 됩니다. 특히 전문가들은 직업적 정체성에 대한 강한 자부심이 있고 이것이 흔들리면 강하게 저항하게 됩니다. "모든 장벽을 파괴하자!" "고통을 감수하자!" "보누 내려놓자!" 이런 슬로건이 가장 위험합니다. 대의명분은 뚜렷하지만 이런 말을 들으면 긴장을 하고 심리적 거부감이 들게 되죠. 호응을 얻을 수 없습니다.

인간은 변화를 추구하지만 동시에 안정성을 추구하는 존재입니다. 그런데 다 때려 부술 것처럼 장벽을 파괴하자고 하면 누가 좋다고 하겠어요? 나름의 고유 영역과 전문성이 있는데 말이죠. 정부 부처를 예로 들어볼까요? 법무부와 환경부는 서로 다른 전문성을 가지고 있습니다. 이 두 부처가 각자의 전문성을 발휘하면 더 좋은 정책, 더 좋은 제도를 만들어낼 수 있습니다. 그러나 화끈하게 통폐합하면 전문성이 깨지면서 엉망이 되고 맙니다. 각자의 전문 영역을 존중해야만 협업 성과가 날 수 있는 것입니다.

그래서 제가 만들어낸 개념이 '소통의 창(窓), 협업의 문
(門)'입니다. 소통을 위해 먼저 서로의 장벽에 작은 창부터 만
들자는 겁니다. 창을 열면 대화가 되고 소통이 되니까요. 그렇
게 소통이 원활하게 이루어진 후에 협업의 문으로 바꾸는 겁니
다. 문을 열어서 초청도 하고 방문도 하고 같이 일할 수도 있겠
죠. 그러다가 아예 벽을 허무는 게 낫겠다고 상호 공감대가 형

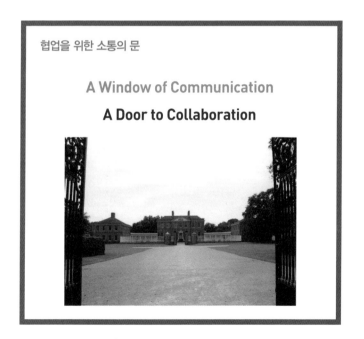

협업을 위한 소통의 문

A Window of Communication
A Door to Collaboration

협업 - 근본을 바꿔라!

협업형 인재
협업 조직
협업 기회 발굴
협업 진단
협업 교육
협업 성과 창출
협업형 리더십
협업 평가
협업 소통

성되면 허물 수도 있습니다. 그러나 '우리는 고유 영역이라서 벽은 있어야 한다'고 하면 벽을 다 허물지 않고 문만 열어두면 되는 겁니다.

그래서 저는 대한민국 곳곳에 존재하는 수직적·수평적 장벽에 소통의 창과 협업의 문을 다는 역할을 하고자 합니다.

여러분, 멘토링(mentoring)에 대해서 들어보신 적이 있으실 겁니다. 학교에도 선후배 간의 멘토링 제도가 있고, 조직 내에서도 신참사원을 대상으로 한 멘토링 제도가 있습니다. 경험이 있는 선배가 신참에게 축적된 노하우와 정보를 제공해주고 조언해줌으로써 조직에 잘 적응할 수 있도록 하는 데 목적이 있죠. 그러나 이제는 누구나 다 하고 있는 멘토링만으로는 조직 활성화에 한계가 있습니다. 협업 시대에 맞는 새로운 개념을 도입해야죠!

협업적 조직문화로 나아가기 위해서 기업들은 다양한 교육과 내부 활동을 진행하고 있습니다. 제게도 어떻게 하면 부서 간의 장벽을 없애고 한마음으로 나아가는 조직이 될 수 있는가를 물어보는 CEO분들이 많습니다.

협업적 조직문화로 나아가야 한다는 것은 알겠는데 '어떻게'라는 방법론적인 부분에서 막막함이 느껴진다는 겁니다. 그렇죠?

제가 이를 위해서 고민한 게 '콜라보메이트(collabomate)'입니다. 콜라보메이트는 조직 내 서로 다른 부서, 업무 영역 간의 직원들을 매칭시켜 인간적인 관계를 형성하게 하는 것입니다. 바로 '협업의 파트너' 개념이지요.

기존의 멘토·멘티가 같은 영역, 같은 라인의 매칭이었다면 콜라보메이트는 서로 다른 영역과 다른 라인의 매칭이라는 것이 차이점입니다. 예를 들면 연구개발부서 직원과 마케팅부서 직원이 짝을 이뤄 콜라보메이트가 되는 겁니다. 또한 멘토링은 수직적 관계인 반면 콜라보메이트는 수평적인 관계로 형성됩니다. 협업의 원칙 중 하나인 수평적 관계가 접목된 것이죠. 이렇게 콜라보메이트가 되면 개인 간의 소통이 늘어나고 부서 간의 이해와 공감대가 형성되면서 조직이 변하게 됩니다.

단순히 콜라보메이트만 매칭해줄 것이 아니라 한 달에 한 번 '콜라보데이(collabo day)'를 정해서 콜라보메이트끼리 친목도 다지고, 협업 아이템도 발굴해낼 수 있는 자리를 마련해주는 것도 좋은 방법이 될 것입니다. 제가 우리나라의 대표적인 공기업 한 곳에 콜라보메이트 제도를 적용했습니다. 그랬더니 "그동안 부서 간 소통을 강화하라고 수없이 강조했음에도 별 효과가 없었는데, 콜라보메이트, 콜라보데이를 실시하니까 순식간에 활발해지네요! 참 신기합니다!"라면서 저를 '조직 관리의 마술사'라고 부르더군요.

개인과 개인이 서로 연결되면서 부서 간의 교차점이 생기고,

창조 3.0 = 융복합창조

창조 1.0 : 원천 창조

창조 2.0 : 모방 창조

창조 3.0 : 융복합 창조

융복합 창조, 에디슨에서 스티브 잡스의 시대로!

이러한 교차점들이 모여서 협업적인 조직으로 나아가는 기반
이 형성될 수 있는 것입니다. 이처럼 조직의 변화는 동맥과 정
맥뿐만 아니라 실핏줄까지 제대로 움직여야 확실히 바뀌게 됩
니다.

협업으로 발상의 전환을

양진석 | 건축가. 공학박사. 국회 최고위 인문학과정 주임교수

윤은기 회장과의 인연은 15년 전으로 거슬러올라가. MBC 인기 예능프로그램인 〈일요일 일요일 밤에〉의 '신장개업'을 통해 맺어졌다. 윤 회장은 그때도 항상 "발상을 전환하라"는 말씀을 강조하셨던 걸로 기억한다. 거대한 변화의 흐름을 내다보고 그 흐름에 맞는 경쟁력을 갖출 것을 호소했다. 나는 그 후 건축 관련 일을 하면서 윤 회장의 번뜩이는 통찰력을 종종 떠올리곤 했다.

그런 분이 지금은 한국의 협업문화를 이끌어가고 있다. 무한경쟁과 성장의 한계에 직면한 저성장 시대를 극복하는 길은 협업밖에 없다고 역설한다. 그리고 협업의 유전자를 가진 우리 민족이 누구보다 이를 잘해낼 수 있다는 믿음으로 협업문화 구축을 위해 강행군을 계속하고 있다. 우리 대한민국이 협업 강국으로 우뚝 서기를 소망한다.

성과 창출을 위한
협업 추진 방법

그렇다면 협업을 하면 모두 성공할 수 있을까요? 장점도 궁합이 맞아야 효과가 나오게 되어 있습니다. 서로 다른 약을 함께 복용해서 치료 효과가 향상되는 경우도 있지만 자칫 부작용이 생기는 경우도 있는 것과 마찬가지입니다.

무분별하고 성급한 협업을 통해서 실패를 겪는 기업들도 있습니다. 협업의 개념을 제대로 알지 못한 채 무작정 좋은 효과가 있으리라는 기대만으로 실행한 탓입니다. 무한경쟁 시대에 익숙해져 있는 우리에게는 협업이 생소한 개념이어서 냉철한 시각으로 도입할 필요가 있습니다.

만약 조직 내부에서 부서나 계열사 간의 협업을 통해서 시너지를 창출하고자 한다면 먼저 현재 조직의 협업과 소통 정도를 전문적으로 진단해야 합니다. 그런 다음에 교육과 컨설팅을 통해 최적화된 해결책을 강구하여 협업문화를 내재화해야 합니다.

그러기 위해서는 다양하고도 전문화된 기법이 필요한데, 협업지수(DCSI: Disciplined Collaboration Standard Index)로 조직이나 부서 간의 협업적 문제 요인과 기회 요인을 포착하고 이를 바탕으로 조직에 최적화된 전문 교육과 컨설팅을 받을 수

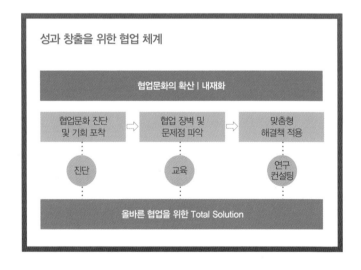

있습니다.

'협업하는 데 무슨 진단이냐?'고 생각할 수도 있는데, 쉽게 이야기하면 일종의 건강검진입니다. 건강검진을 받으면 종합적으로 건강 양호, 근육량 부족과 같은 결과들이 나옵니다. 심혈관에 문제가 있음, 갑상선 계열에 문제가 있음처럼 조직을 진단해보면 건강 상태가 어떤지 그 결과가 정확하게 나와요. 마찬가지로 협업 진단을 해보면 협업이 잘되는 조직인지, 중간 수준인지, 떨어지는지, 문제가 있다면 어떤 부분에 문제가 있는지, 즉 조직 구성이 잘못된 건지, 보고 체계가 잘못된 건지, 평가 시스템에 문제가 있는지 정확한 결과가 나옵니다. 이런 진단을 통해 조직의 상황에 맞는 적합한 교육과정을 설계하게 됩니다.

사례를 들어 설명하면, 국내 유수의 의료기관 A사는 이미 수년 전에 조직의 핵심 가치 중 하나로 협업을 선포했으며, 협업을 위한 세부 전략을 수립, 실행해오고 있습니다. 2014년 상반기에 A사는 조직 내 협업 현황을 알아보고자 저희 협회에 의뢰해 협업지수 진단을 실시했습니다. 진단 결과의 일부를 소개해 드리면 이렇습니다.

〈A사 협업 진단 결과〉

첫째, 각 부서별 전문 영역과 역할이 뚜렷하게 구분되어 있는 의료기관임에도 불구하고 협업의 정도와 협업 수준은 중-상 정도로 나타났습니다. 여기서 중-상 정도의 협업은 '협업이 매우 활발하게 이루어지는 것은 아니나, 필요에 따라 부서별 업무 공조가 긴밀하게 이루어지는 것'을 의미합니다. 의료산업의 특수성을 고려할 때 긍정적인 결과라 할 수 있습니다.

둘째, 계층별 분석 결과, 중견관리자 그룹의 경우 협업의 기회는 높은 반면 협업 동기는 상대적으로 낮게 나타났습니다.

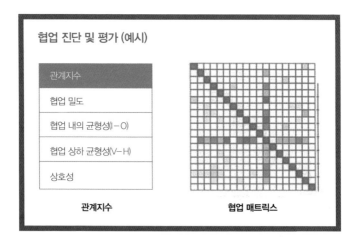

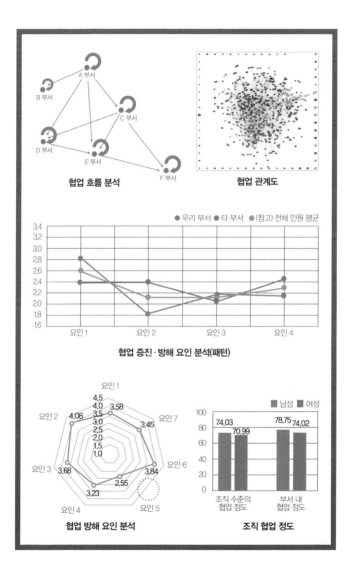

협업 흐름 분석

협업 관계도

협업 증진·방해 요인 분석(패턴)

협업 방해 요인 분석

조직 협업 정도

이는 협업의 양은 많을 수 있으나 협업의 질은 떨어질 수 있으며, 협업이 강력한 실행과 성과로 이어지지 못하는 주된 이유로도 설명될 수 있습니다. 반대로 일반직원 그룹의 경우 협업의 기회는 낮은 반면 협업의 필요성이나 협업하고자 하는 동기는 상대적으로 높게 나타났습니다. 실제 비즈니스 현장에서 부서의 실적과 다양한 이해관계를 고려해야 하는 관리자의 입장에서는 협업이라는 테마가 꺼려질 수밖에 없는 것이 사실입니다. 따라서 A사의 경우, 중견관리자 그룹이 협업에 적극 동참하게 하기 위한 동기부여가, 동시에 일반직원 그룹에게는 보다 다양한 협업의 기회와 채널을 제공하는 것이 필요한 것으로 판단되었습니다.

이러한 진단 결과를 바탕으로 A사는 일차적으로 중견관리자 그룹을 대상으로 조직 내 협업에 대해 공감하고 협업 과제를 도출해낼 수 있는 1박 2일의 협업 워크숍을 시행했는데, 이를 통해 과거에 논의되지 않던 다양한 이슈와 실행 방안이 도출될 수 있었습니다. 이렇게 선도적으로 협업을 고민하고 노력하는 기관의 미래는 밝을 수밖에 없겠지요?

조직의 협업 현황을 진단한 뒤에는 처방이 필요합니다. 진단

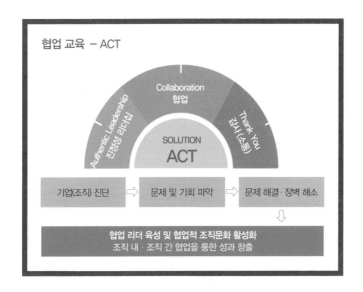

협업 교육 - ACT

Collaboration
협업

Authentic Leadership
진정성 리더십

Thank You
감사(소통)

SOLUTION
ACT

기업(조직) 진단 ⇨ 문제 및 기회 파악 ⇨ 문제 해결·장벽 해소

⇩

협업 리더 육성 및 협업적 조직문화 활성화
조직 내·조직 간 협업을 통한 성과 창출

을 통해 문제의 원인을 알았으니 그에 맞는 처방만 하면 되는 거죠. 그런데 처방이 쉽지 않습니다. 왜냐하면 협업이 잘 되지 않은 원인이 일시적인 문제나 특정 이슈 때문이 아니라 오랫동안 누적되어온 경우가 많기 때문이죠. 회사의 정책 때문에, 업(業)의 특성 때문에, 조직문화 때문에 등등 나름대로의 이유가 있습니다. 그럼에도 불구하고 우리가 변화하지 않으면 아무것도 바꿀 수 없습니다. 협업도 실행되지 않으면 아무런 의미가

없는 것처럼 말이죠.

그래서 협회에서는 ACT라는 이름의 협업 교육 솔루션을 제공하고 있습니다. ACT는 진정성 리더십의 A(Authentic Leadership), 협업의 C(Collaboration), 감사와 소통을 의미하는 T(Thank You)로 구성된 교육 모델입니다.

협업이 CEO만의 공허한 외침이나 또 하나의 캠페인 성도로 그치지 않기 위해서는 결국 관리자의 진정성 있는 리더십과 구성원들 간의 감사와 소통문화가 필수적입니다. 실제로 많은 기업 임직원들을 대상으로 ACT 교육을 시행할 때마다 놀라운 변화를 체험하고 있습니다.

이처럼 제가 몸담고 있는 한국협업진흥협회에서는 조직 진단과 협업지수 평가, 협업 교육, 협업 컨설팅 등을 전문적으로 진행하고 있습니다.

지금과 같은 협업의 패러다임 속에서 여러분은 어떻게 해야할까요? 개인이 속한 부서나 부처가 협업형인지 무한경쟁형인지, 개인 스스로는 어떤 형의 인재인지를 되돌아볼 필요가 있습니다. 지금까지 많은 기업들이 상대 평가로 서로를 끊임없이 경쟁시키고, 1등만 우대해왔어요. 그러다 보니 개인이나 조직이나 서로가 조금이라도 더 좋은 평가를 받기 위해 열심히 뛰어왔죠. 다른 곳과의 협업은 할 생각도, 필요도 없었습니다. 하지만 더 이상 그러면 안 됩니다. 혼자서도 잘하지만 함께하면 더 잘하는 '협업형 인재'와 '협업형 조직'으로 탈바꿈해야 합니다.

그러기 위해서는 평가 기준부터 달라져야 합니다. 앞으로는 개인이나 부서만의 성과 평가에서 탈피하여 타 부서와의 유기적 협업을 통해 성과를 내고 있는가를 함께 평가해야 합니다.

이를 위해 모두가 동의할 수 있는 객관적이고 합리적인 평가 기준부터 마련해야 할 것입니다. 2012년 7월, 미국의 월간지 〈배너티 페어(Vanity Fair)〉가 '마이크로소프트의 잃어버린 10년'이라는 칼럼에서 '스택 랭킹(Stack Ranking)' 제도에 대해 소개한 적이 있습니다. 마이크로소프트의 '스택 랭킹'은 상대 평가 기반의 성과관리 체계로 직원을 정해진 비율에 따라 등급을 나눈 뒤 최하등급을 내보내는 제도입니다. 그런데 해당 칼럼에 따르면, 10년 넘게 운영되었던 스택 랭킹이 마이크로소프트를 뒤처지게 만들었다고 합니다. 직원들의 경쟁 의식을 높이기 위해 도입한 제도 때문에 개인 이기주의가 팽배해진 탓입니다. 조직 전체의 성과보다 자신이나 부서의 평가가 우선이니까요. 이로 인해 직원들은 외부의 경쟁사가 아닌 내부의 동료들과 치열하게 경쟁하게 되었고, 그것이 조직의 발전을 가로막는 결과를 가져온 것입니다. 결국 문제의 심각성을 깨달은 마이크로소프트는 상대평가 제도를 폐지하게 됩니다. 재미있는 점은 마이크로소프트가 GE로부터 벤치마킹한 이 제도를 GE는 이미 2011년에 없앴다는 사실입니다.

성과주의의 본 고장인 미국의 기업들이 보여주는 이 같은 변화는 시사하는 바가 큽니다. 국내에서도 업무성과지표(KPI)에 있는 협업 관련 평가항목을 부서 간 협업에서 계열사 간 협업으로 확대하고 평가 기준도 높인 금융회사가 있습니다. 정부 부처에서도 협업 강화를 위한 움직임이 활발해지고 있습니다. 얼마 전 '필요에 따라 공무원 한 사람이 두 부처의 직위를 겸임하고 과장급 이상의 인사와 평가에 협업 실적을 평가하겠다'는 안이 발표되기도 했습니다. 이는 내부 협업을 통해 경쟁력을 갖추고 성과를 높이기 위한 경영 패러다임의 변화를 보여주고 있는 사례입니다.

조직의 구조 역시 협업하기 좋게 개편해야 합니다. 리더십, 소통 등도 협업이라는 새로운 패러다임에 맞추어 변화가 필요합니다. 정보화 시대에 우리가 그 물결을 탔듯이 이제는 협업이라는 새로운 시대의 조류에 대한 적응이 조직의 운명을 좌우할 것입니다.

협업으로 혁신하라!

이남식 | 계원예술대학교 총장

이 시대의 리더들에게 반드시 필요한 통찰력과 예지력을 모두 갖춘 윤은기 회장은 창조경제의 성공을 위해 협업(collaboration)이라는 화두를 제시했다. 나는 이것이 우리 사회를 근본적으로 혁신하는 중심 개념으로 자리 잡을 것이라고 생각한다. 창조와 융복합을 요구하는 시대 환경에서는 개인이나 기업의 단일 의지가 아닌 부서, 기업, 산업, 국가 간 장벽을 넘어 유기적으로 상호작용하는 협업이 절실하며, 특히 상대적으로 폐쇄적인 한국 문화에서는 더욱더 절실하기 때문이다.

협업으로 대한민국이 대변혁의 역사를 창조하길 희망한다!

<h1 style="text-align:center">협업이 곧
사회통합이요 축복이다!</h1>

앞에서 협업이 축복이라고 계속 말씀드렸는데, 이 협업을 통해서 이룰 수 있는 효과는 성과 창출뿐만 아니라 사회적 가치, 사회통합에도 큰 기여를 할 수 있습니다. 예를 들어보죠!

Episode 1

처음에 저의 약력에서 말씀드렸듯이 저는 학부는 고려대 심리학과를 나왔고, 대학원은 연세대 MBA를 나왔습니다. 두 학교를 나오니 예전에는 좀 부담이 있었어요. 고대 선후배를 만나면 "고려대 경영전문대학원도 좋은데 왜 연세대를 갔냐?"는 이야기를 하는 거예요. 저한테 이유는 하나였어요. 집이 신촌인

데 어떻게 하라는 거예요! (웃음) 바빠 죽겠는데 언제 안암동까지 왔다 갔다 하냐는 거죠. 게다가 야간 수업도 있잖아요.

근데 연대에 가서 보니까 연대 학부 출신 동기들은 진골 성골이고, 좀 과장해서 말하면 저는 완전 잡어 수준이더라고요. (웃음) 고대 출신이 와 있으니까!

근데 이건 옛날 얘기고, 지금은 제가 연대 경영전문대학원 총동창회장을 하고 있어요. 게다가 연대 MBA 동창회장까지 겸하고 있어요. 아니 고대 출신이면 어떠냐, 조직 활성화하고 사회적 기여를 많이 하는 사람이면 제격이지 하며 수용하고 지지해준 거죠.

2013년 연말에 고대 경제인회에서 부부 동반으로 송년음악회를 열었습니다. 그때 운영위원들이 행사 준비를 하면서 '송년음악회에 어느 오케스트라를 초청하느냐?'가 고민이었는데, 결국 연세대 심포니 오케스트라를 초청하자고 결론이 났습니다. 발상의 전환이죠.

고대는 음대가 없는데 연대 음대는 국내에서 알아주는 최고의 명문입니다. 연대 음대 재학생으로 구성된 오케스트라는 80년의 역사를 가지고 있는데, 수준이 보통이 아닙니다. 마침 딸이 연대 음대 출신의 교우를 알고 있어서 초청할 수 있게 되었습니다. 고대 경제인회 송년음악회에 연세대 오케스트라 초청이라… 흥미진진하지요?

송년음악회 장소는 고대 인촌기념관이었습니다. 인촌은 고려대 설립자니까 고대에서는 상징적인 건물이죠. 근데 음악회에서 중요한 게 선곡이잖아요. 어떤 노래를 연주하느냐가 고민이었죠. 그런데 연대에서 혹시나 '너희 학교는 음대도 없는데 막걸리나 마시지…, 클래식 음악의 진수를 보여주겠다' 하고 나오면 어떻게 하나 고민을 한 게 사실입니다.

아무튼 연주회가 시작됐는데, 한 곡에 20여 분짜리가 첫 곡으로 나오더라고요. (웃음) 바그너의 대곡 이런 것을 연주하는데, 클래식 대곡은 같은 마디의 반복이 있기 때문에 웬만한 클래식 마니아가 아니면 듣다가 질리게 되어 있어요. 저는 주최 측의 한 사람으로서 가슴이 조마조마한 겁니다. 관객들을 보니까 벌써 눈이 반쯤 감긴 사람이 보이는 게, 사태가 심상치 않은 거예요. 그렇게 약 네 곡 정도 하니까 시간이 다 지나가요.

연주가 끝났는데 앙코르를 해야 해요, 안 해야 해요? (웃음) 이거 체면이 있고 매너가 있으니까 앙코르를 안 할 수는 없죠. 근데 막 신이 나서 "앙코르~!" 하는 게 아니라 그냥 뭐 "앙코르… 앙코르…" 하는 겁니다. (웃음) 저는 속으로 '제발 앙코르 곡만은 알아들을 수 있는 거, 잘 알려진 곡으로 해달라. 이렇게 분위기를 다운시키고 가면 안 되지 않냐' 하면서 조마조마했죠. 그렇게 앙코르곡을 기다리는데, 귀에 익숙한 음악이 나오는 거예요. 귀에 익숙한 정도가 아니라 이건 완전 미치겠더라고요, 그 반전이! 고대 교가가 앙코르곡으로 연주되는 겁니다.

저는 고대 교가를 수백 번 따라 부르고 들었지만, 가사는 빼고 곡만 제대로 들어본 적은 없었어요. 그런데 연대 오케스트라가 연주하는 고대 교가를 듣는데, '와! 고대 교가가 이 정도의 곡이었나' 할 정도로 너무도 아름다운 거예요. 제 평생 그렇게 아름다운 고대 교가는 들어본 적이 없었습니다. 저만 그런 게 아니라 모두가 그렇게 감동했어요. 그리고 감동을 더 증폭시킨 것은 연대 오케스트라였어요. 언제 고대 교가 연주를 해 봤겠습니까! 얼마나 열심히 연습했으면 평생 처음 연주하는 곡을 저렇게 아름답게 할 수 있을까 생각하니 또 한 번 감동한 거지요. 곡이 끝나자 모두들 기립 박수를 쳤습니다.

지휘자가 연대 음대 학장이었는데, 지휘 소감을 말하면서 "제가 연대 음대생이었을 때나, 초임 교수였을 때나, 학장이 되었을 때나, 단 한 번도 우리가 고대 교정에서 연주할 거라고 생각해본 적이 없었습니다. 처음에 제안을 받고 '이런 날도 오나? 이럴 수도 있는 건가?' 이런 생각이 들었어요"라고 했어요. 행사 전날 저녁까지도 기분이 묘하더라는 겁니다 "그런데 오늘 드디어 그런 일이 실현되었군요. 오늘은 역사적인 날입니다. 정말 감동을 느꼈습니다" 하는데, 그 자리에 있던 모든 사람들 역시 정말 감동스러운 순간이었습니다.

이처럼 협업은 장벽을 허물고 소통과 공감을 통해 사회를 통합하는 기능이 있습니다.

Episode 2

저는 공군장교 출신입니다. 공군에서 5개월 동안 교육을 받고 4년간 복무를 했습니다. 그 후 군에서 배운 게 많기도 하고 '한 번 공군은 영원한 공군이다'라는 생각으로 매년 여러 전투비행 단에 가서 조종사들을 격려하기도 하고 금일봉을 건네주기도 했어요. 근데 요즘 이런 생각을 하게 되었습니다. '올해는 해군 함대사령부부터 찾아가야겠다! 공군 출신들이 해군에게 배 타고 나라를 지키느라 고생이 많다고 격려해주면 얼마나 감동을 느끼게 될까!' 그러면 거기 해군 출신들도 가만히 있지 않겠지 요. 거기서도 공군부대를 찾아올 것입니다. 또 육군부대, 해병 부대도 찾아가야지요. 그렇게 서로를 찾아 소통하고 격려하다 보면 사회통합 효과가 나타나겠지요.

꼭 경제적 성과를 내는 것만이 협업은 아닌 것 같습니다. 성과 창출을 위한 협업도 있지만, 사회통합을 위한 협업도 있는 거지 요. 협업은 창조경제의 원천일 뿐만 아니라 경제를 민주화할 수도 있고, 동반성장을 이끌어내고, 갑을관계를 해소할 수도 있습니다. 게다가 사회통합 효과까지 있습니다. 놀랍지 않습니까?

저는 협업이라는 단어에 기쁨 가득한 전율을 느낍니다. 새로운 문명과 새로운 사회적 가치를 이끌어내는 힘이 있으니까요.

최근에 경영학의 화두로 등장한 '공유가치 창출(CSV)'이나 '기업의 사회적 책임(CSR)'도 협업을 통해 더 활발하게 이루어질 것입니다. 이제는 협업형 조직으로, 협업형 문화로, 협업형 인재로, 협업형 리더십으로 나아가야 합니다.

협업은 우리 모두를 위한 축복입니다! (박수)

정보화 사회가 제3의 물결이었다면, 제4의 물결은 '협업'이다.

:: Collabo! Bravo! ::

협업이 제4의 물결이다!

이시형 | (사)세로토닌문화 원장

오래전부터 다른 분야의 전문가들 간 협업이야말로 우리 한국을 끌어올리는 데 결정적 역할을 할 것이라는 생각을 갖고 있었다. 그런데 윤은기 박사가 그 깃발을 먼저 들어올렸다. 그는 움직이는 지식인이다. 일단 창조적 아이디어가 떠오르면 바로 행동으로 옮긴다. 만나는 사람마다 협업의 중요성과 성공 사례를 설파하고 다닌다. 나는 그의 협업 강연을 듣고 완전히 매료되었다. '그래, 이거야! 이것만이 한국이 살 길이다.'

윤 박사는 단언한다. "앨빈 토플러가 정보화 사회를 제3의 물결이라고 했다면, 제4의 물결은 협업"이라고. 전적으로 동감이다. 이제 그가 기치를 높이 들었으니 머지않아 한국에서 불기 시작한 바람이 전 세계를 휩쓸 날이 올 것이다.

아직도 전문가들은 자기네만의 성 안에 갇혀 폐쇄적인 모습을 보이고 있다. 하지만 윤 박사에겐 이 단단한 폐쇄의 껍질을 깰 수 있는 파괴력이 있다. 곧 협업의 물결이 흘러넘칠 것이다. 난 그걸 확신한다.

협업의
현장을 가다

이보다 좋을 수는 없다
영실업 & 기아자동차

자, 이번에는 협업의 개념을 이해하기 쉽도록 사례를 중심으로 이야기해보겠습니다. 여러분과 직접 관련된 업종이 아니더라도 한번 들어보세요. 협업에 대한 이해심을 높이고 통찰력을 가질 수 있습니다.

뒷줄에 계신 분, 결혼하셨어요? (청중 답변: "네!") 자녀는 아들이에요, 딸이에요? (청중 답변: "아들요.") 아들에게 장난감 많이 사 주시죠? 사내아이들은 특히 장난감 자동차를 좋아하죠. 우리가 어렸을 때도 그랬어요. 그런데 비싸니까 사지는 못하고 고무신끼리 끼워서 마구 밀고 다녔던 기억이 납니다. (웃음) 그게 본능인가 봐요. 그리고 사내아이들은 로봇도 좋아해요. 특히 변신 로봇을 보면 미칩니다. 자동차를 쪼개면 로봇이 되었다가 다시 자동차가 되는 변신 로봇 말이죠. 〈트랜스포머〉라는 영화가 워낙 인기를 끌었기 때문에 변신 로봇은 어린이들의 뇌에 강하게 입력되어 있습니다.

첫 번째 협업 사례는 바로 기아자동차와 영실업입니다. 완구를 제조하는 중소기업인 영실업이 기아차의 소형차 모델로 장난감 자동차를 만드는 협업을 진행한 것입니다. 트랜스포머처럼 로봇으로 변형시킬 수 있는 장난감으로 소울뿐만 아니라 기아자동차의 K3, 레이, 쏘렌토, 소울 등의 실제 모델을 사용한 겁니다.

그러니까 영실업에서는 장난감 디자인 작업을 위한 인력과 비용을 추가로 들이지 않고 자동차업체와의 협업으로 신제품을 출시한 거지요. 이렇게 나온 '또봇'이라는 제품으로 2012년 연간 50%의 매출 성장을 기록했습니다. 2013년 크리스마스 때는 세계적인 장난감회사인 레고 코리아보다도 더 매출이 높았습니다. 레고나 파워레인저보다 높은 매출을 기록하며 영업이익은 2배, 당기순이익 역시 3배 가까이 신장하는 성과를 보였습니다.

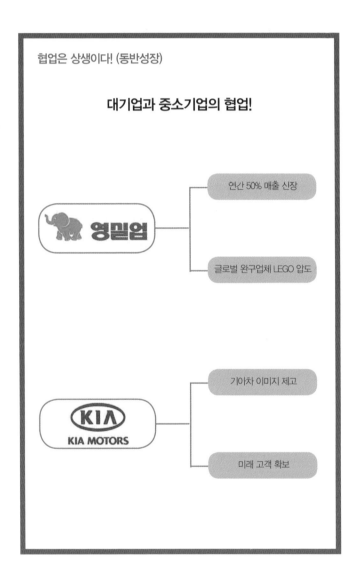

협업은 상생이다! (동반성장)

대기업과 중소기업의 협업!

연산 50% 매출 신장

영밀업

글로벌 완구업체 LEGO 압도

기아차 이미지 제고

KIA MOTORS

미래 고객 확보

그리고 기아는 자사의 제품들을 완구회사와의 협업을 통해 안방까지 침투시키는 효과를 거두었습니다. 이 장난감을 초등학생이나 중학생들이 가지고 노는데, 이 아이들이 누군가요? 바로 기아차의 미래 고객들인 셈이죠. 미래의 잠재적 고객인 아이들에게 제품에 대한 긍정적인 이미지를 일찍부터 심어줄 수 있다는 겁니다. 실제로 기아차에서 나온 자동차가 지나가면 아이들이 "또봇이다!"라고 한답니다. 그리고 기아차의 차종들을 줄줄 외운다고 해요. 초등학생, 중학생인 아이들이 성인이 되면 기아차 고객이 될 가능성이 높아지는 거지요.

기아차는 영실업에서 현금이 아닌 완구를 받아 저소득층 아동들이나 공장에 방문하는 사람들에게 나눠 주어 큰 호응을 얻었습니다. 이로써 기아차와 영실업, 그리고 사회 모두가 윈·윈·윈(Win-Win-Win)으로 상생하는 최상의 협업 구조가 만들어질 수 있었습니다.

기아자동차와 영실업은 대기업과 중소기업이라는 차이점, 그리고 서로 다른 업종을 최대한 활용했습니다. 협업을 통해 새로운 가치를 창출한 거죠. 신규 인력 투입이나 별도의 투자 없이도 협업만으로 성과 창출이 가능하다는 사실을 보여주는 아주 좋은 사례입니다.

하청업체는 부품을 납품하니까 상하관계나 갑을관계를 형성하지만 협업업체는 수평적 관계입니다. 상대방을 먼저 인정하고 존중해주어야 공동의 협업 시너지를 창출할 수 있습니다. 그렇기 때문에 협업이 동반성장이고 상생이라는 겁니다.

다름을 존중하는 것이 협업의 출발점

:: Collabo! Bravo! ::

협업은 축복이다!

이인실 | (사)전문직여성한국연맹(BPW KOREA) 회장
청운국제특허법인 대표변리사

내가 윤은기 회장을 처음 만난 것은 20대, 로펌에 근무할 당시 특강에서였다. 참으로 신선한 충격을 받았던 기억이 생생하다. 그 후로도 윤 회장은 시대를 앞서는 화두를 제시하며 늘 놀라움을 안겨주었다. 그런데 이번에는 '협업'이다.

"협업은 상하관계가 아닌 수평관계로 이루어진다. 서로 다른 전문가들끼리 자유롭게 소통하며 각자의 장점을 융합하여 또 다른 가치를 창출한다. 그런 의미에서 협업은 '콜라보메이트(collabomate) 운동'이라고 할 수 있다."

윤은기 회장이 설명하는 협업. 콜라보메이트 운동은 여성이 남성과 함께 동등한 조건에서 활동하는 양성평등의 세상을 실현하고자 하는 BPW(Business & Professional Women)의 활동과도 그 방향이 일치한다. 협업으로 대한민국에 진정한 축복이 내릴 것 같은 예감이 든다.

섹시한 병은 어떻게 나왔을까?
코카콜라 & 장 폴 고티에

전성기 때 코카콜라의 인기는 굉장했죠. 요새는 예전 같지 않은 것 같습니다. 몸에 좋지 않다는 부정적인 뉴스도 나오고, 다양한 건강 음료들이 출시되면서 경쟁력이 약화되었어요. 제품의 역사가 오래되다 보니 현대적인 느낌이 부족해 보이는 점도 작용한 듯합니다. 이처럼 위기에 직면한 코카콜라는 '이 난관을 어떻게 뚫고 나갈 수 있을까?'를 고민했습니다. 그렇게 나온 것이 바로 예술과의 만남입니다.

코카콜라는 장 폴 고티에(Jean Paul Gaultier)라는 당대 최고의 아티스트를 섭외했습니다. 그리고 그의 작품을 코카콜라 패키지에 디자인하는 콜라보 작업을 진행했습니다. 코카콜라 병

예술 마케팅, 파리지앵의 마음을 파고들다!

을 패션 소품으로까지 인식되도록 하려 한 것입니다. 콜라를
마시고 난 후 병을 들고 다니면서 패션 소품으로 사용할 수 있
도록 한 것이죠. 실제로 보면 정말 멋있습니다. 고티에의 대표
적인 작품인 마돈나의 원추형 브래지어를 코카콜라 병에 입혀
세련되고 섹시한 코카콜라 병을 탄생시켰어요.

처음에 파리에서 성공을 거둔 코카콜라는 런던으로, 모스크

바로 옮겨가면서 아티스트와 코카콜라 간의 다양한 콜라보를 선보이며 이슈를 만들어갔습니다. 반응이 좋아 병만 따로 모으는 마니아층까지 생겼죠. 모아서 방 한 켠에 전시를 해놓고 SNS 친구들에게 자랑을 하는 겁니다. 국내에서도 2015년 '양' 띠 해를 맞아 '잘나갈 거양', '다 잘될 거양', '멋져질 거양' 등의 메시지가 새겨진 스토리텔링형 패키지를 제작해서 큰 주목을 받았습니다.

저는 7080세대의 앞 세대에 속하는데, 우리 때 대학생들이 뭘 입고 다녔는지 아십니까? 헐렁하고 남루한 옷들을 입고 다녔는데, 그 시대에도 대학생들에게 패션 소품이 하나 있었어요. 뭐였는지 기억하시나요? 〈타임(Time)〉이라는 잡지예요. 이 잡지를 옆에 하나씩 꼭 끼고 다녔어요. 자기가 대학생이라는 걸 보여주려는 거죠. 특히 영어를 잘 못하는 녀석들이 꼭 들고 다녔어요. (웃음) 잡지를 패션 소품으로 사용한 겁니다. 잡지사에서 의도하지도 않았는데, 이런 현상이 한국 대학생들 사이에서 유행한 거죠.

그에 비해 코카콜라는 처음부터 전략적으로 병을 패션 소품으로 갖고 다니고 싶게끔 작품으로 변신시킨 사례입니다. 이미 세상에 잘 알려진 브랜드가 예술과 만나 이루어낸 신선한 감성의 가치에 집중하게 만들었고, 예술과의 협업으로 성공을 거두는 사례들의 출발점으로 작용했습니다. 국내에서도 많은 기업들이 아티스트와의 콜라보로 제품 라인을 다양화하고 있습니다. 매일매일 새로운 사례들이 쏟아져 나오고 있죠.

지금은 콜라보 시대이기 때문입니다.

:: Collabo! Bravo! ::

성공하고 싶다면 협업하라!

이장우 | Idea Doctor, 이화여대 경영대학 겸임교수

많은 기업들이 경쟁이 아닌 협업(collaboration)을 택하고 있다. 프링글스 역시 수많은 경쟁사들의 등장으로 시장점유율이 하락하며 어려움을 겪게 되자 글자가 새겨진 감자칩을 개발하고자 노력했다.

그리고 마침내 감자칩 위에 글자를 새길 수 있는 '프링글스 프린트(Pringles Prints)' 기술을 적용하게 되었는데, 이는 인터넷 검색을 통해 이탈리아 볼로냐에서 식용 잉크를 개발해 사용 중이던 이탈리아 교수와의 유기적 협업을 통해 이루어진 것이었다. 이것이 바로 진정한 열린 혁신(open innovation)이자 협업을 통한 대성공의 모델이다.

성공하고 싶은가? 그렇다면 협업하라!

그냥 공중에 매달아버리면 어때?
동부대우전자 '미니'

성과 창출을 위해서는 꼭 외부 사람이나 조직하고 협업을 해야 할까요? 그렇지 않습니다. 조직 내의 부서와 계열사 간의 협업으로도 충분히 새로운 가치를 창출할 수 있습니다. 특히 요즘처럼 경기 침체가 지속되는 시점에서는 내부의 역량을 최대화하기 위해 계열사와 부서 간 협업을 통해 신규 가치를 창출하고자 하는 기업들의 시도가 늘고 있습니다.

그런 조직 내부의 협업 사례로 동부대우전자의 세탁기 '미니(mini)'가 있습니다. 미니는 세계 최초의 벽걸이형 드럼세탁기입니다. 제품 개발 당시 싱글족과 신혼부부 가정을 메인 타깃으로 잡고, 특히 아기가 있는 여성들이 기저귀를 빨 수 있는 세컨드 세탁기로 포지셔닝을 했습니다. 홍보 과정에서는 두께가 29㎝에 불과한 벽걸이형 제품이라 공간 활용도가 높다는 점과 밤늦게 귀가한 직장인이 심야에도 빨래를 할 수 있도록 소음을 줄였다는 점을 크게 부각시켰어요. 또 에너지 효율 1등급 제품이라 싱글족이나 신혼부부들이 전기료, 수도세를 절약할 수 있다는 사실도 강조했죠.

시장의 반응은 폭발적이었습니다. 출시 1년 6개월 만에 국내에서만 4만 대가 넘게 판매되었고, 해외에서도 인기를 끌어 30여 개 나라로 수출되는 효자 상품이 되었어요.

미니 제품은 디자인팀, 기술팀이 아이디어 도출 과정에서부터 함께하여 설계에만 1년이 넘는 시간을 들인 결과물입니다. 원래의 순서대로라면 디자인팀에서 제품을 디자인한 다음 기술팀에서 실현 가능성을 검토하는 형식으로 진행되었을 텐데, 이 제품의 경우에는 팀의 경계를 허물고 초기 단계부터 함께 설계에 참여했습니다.

현재 사용하는 세탁기에서 불편한 점이 무엇인지, 개선할 수 있는 부분은 또 무엇인지에 대해 자유롭게 이야기를 나누었다고 합니다. 그러던 중 허리를 굽혀 빨래를 꺼내는 것이 번거롭

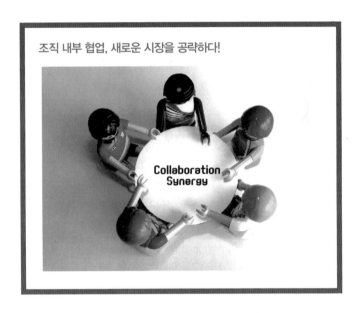

조직 내부 협업, 새로운 시장을 공략하다!

Collaboration
Synergy

다는 의견이 나오자 누군가가 농담처럼 "그럼 그냥 세탁기를 공중에 매달아버리면 어때?" 하고 대답한 것입니다. 디자인팀만 있었더라면 그냥 웃어넘겼을 이야기일지도 모릅니다. 그런데 그때 기술팀에서 세탁기를 벽에 달아보자는 제안을 했고, 그렇게 해서 마침내 세계 최초의 벽걸이 세탁기가 탄생하게 된 겁니다.

벽걸이 세탁기 미니는 서로 다른 관점과 실현 방법을 가지고 있는 팀들 간의 협업이 불가능을 가능으로 바꾸어 최초를 만든, 제품 혁신의 모범 사례입니다. 이처럼 조직 안에서도 조직 내에 존재하는 수많은 칸막이에 소통의 창과 협업의 문을 내면 각 팀의 강점들을 결합하여 메가 시너지 효과를 얻을 수 있습니다.

콜라보! 브라보!

임충식 | 신용보증재단중앙회 회장

내가 아는 윤은기 회장은 너무도 많은 것을 갖고 있다. 로맨티스트, 사진작가, 방송인, 명강사, 칼럼니스트, 경영컨설턴트, 저술가, 대학 총장, 민간인 최초의 중앙공무원교육원장, 공군장교 정복을 가보 1호로 생각하는 공군인…. 이 같은 그의 괴력(?)은 어디서 나오는 것일까? 사랑과 나눔을 향한 끝없는 열정과 실천 아닐까?

그런 윤 회장이 요즘에는 "콜라보! 브라보!"를 외치는 협업홍보대사로 변신하여 전국을 누비고 있다. 그에 전적으로 공감하는 나도 혼자서 또는 함께 '콜라보! 브라보!'를 외치고 있다.

군대도 협업형 조직으로 거듭나야 한다.

비즈니스의 공식을 바꾸다
콜라보노믹스의 힘, 〈설국열차〉

영화를 자주 보시는 편인가요? 저는 아무리 바빠도 영화는 꼭 챙겨봅니다. 설마 아직까지 〈설국열차〉를 못 보신 분 계신가요? 없으시죠?

혹시 이 〈설국열차〉를 다른 말로 뭐라고 하는지 아세요? '협업열차'라고 합니다. 서로 다른 국가와 업종과 자본이 만나 성공적인 예술작품을 만들어낸 대표적인 사례이기 때문입니다. 원작인 프랑스 만화에다, 한국의 봉준호 감독이 연출과 각본을 맡고, CJ E&M이 메인 투자사로 참여하여 완성한 협업열차가 바로 〈설국열차〉입니다.

〈설국열차〉는 '콜라보노믹스(collabonomics)'의 힘을 실제로 보여준 작품입니다. 콜라보노믹스는 협업(collaboration)과 경제학(economics)이 합쳐진 신조어입니다. 이 영화는 한국 영화의 새로운 비즈니스 모델을 제시했다고 볼 수 있습니다. 기존의 영화는 국내 배우와 스태프가 제작한 후 해외로 수출하는 형태가 일반적이었는데, 〈설국열차〉에서 그 비즈니스 공식이 바뀌었어요. 감독은 한국인이었지만 배우와 스태프는 국제적인 조합이었죠.

결과는 어땠을까요? 4,000만 달러(약 430억 원)의 제작비가 투입되었는데, 국내에서 934만여 명의 관객을 동원하며 대단한 흥행 성적을 보였습니다(2014년 11월 말 기준). 해외에서도 160여 개가 넘는 국가에 판매되었고, 프랑스에서도 역대 개봉한 한국 영화들 중 흥행 1위를 달성했어요. 콜라보노믹스를 통한 한국 영화 수출 비즈니스의 새로운 모델을 제시했다고 볼 수 있습니다.

〈설국열차〉가 큰 성공을 거둘 수 있었던 데는 여러 요인들이 작용했겠지만, 저는 그 중심에 봉준호 감독의 '협업 리더십'이 있다고 생각합니다. '꼬리칸 혁명'의 리더로 활약한 배우 크리스 에반스도 기자회견에서 "봉준호 감독의 능력은 협업을 이끌 수 있는 능력"이라며 "현장에서 가장 중요한 것이 감독의 역할"이라고 말했습니다. "감독은 비전을 배우들에게 강요하면 안 된다"며 "봉준호 감독은 배우들의 최고를 이끌고 본인의 비전도 반영하는 협업 능력을 보여줬다"고 했습니다. 여기서 '감독'이란 단어를 'CEO'나 '경영진'으로 바꾸고 '배우들'을 '직원들'로 바꿔보면 어떤가요? 시사하는 바가 있지 않습니까?

협업열차가 달린다!

프랑스 원작 + 체코 촬영 + 다국적의 배우와 스태프

협업을 이끄는 중심에 어떤 컨트롤타워가 존재하는가에 따라 성과의 크기가 확연히 달라질 수 있다는 것을 알 수 있습니다. 이것이 바로 협업 리더십이죠.

이렇게 영화 한 편에도 배울 점이 참으로 많습니다. 그런 면에서 우리는 문화예술계와 같은 외부 세계에 열린 마음을 가지고 바라보아야 합니다. 오늘날 같은 융복합 시대에 우물 안에 갇혀서 우리끼리만 잘해보겠다는 것은 낙오와 실패를 자초하는 길입니다. 항상 다른 것을 생각하고 만나고 어떻게 성과로 연결할 수 있는지를 찾아야 합니다.

:: Collabo! Bravo! ::

최고의 힘은 어떻게 발휘되는가

정희선 | 충남대학교 분석과학기술대학원 원장, 전 국립과학수사연구원 원장

윤은기 회장은 쉽게 손에 잡히지 않은 협업이라는 개념을 '빨리 가려면 혼자 가고 멀리 가려면 함께 가라'는 아프리카 속담을 예로 들어 쉽게 설명한다. 이 분의 이야기를 듣다 보면 서로 다른 개체가 전문성을 결합해서 새로운 가치를 창출할 때 최고의 힘이 발휘될 수 있다는 것을 실감하게 된다.

"우리 사회는 서로의 영역을 차단하는 벽들이 많고, 다름과 차이를 인정하는 데 소극적이다"라는 말씀에 전적으로 공감한다. "'우리끼리'라는 문화에 길들여진 우리가 이제부터라도 차이와 다름을 인정하고 함께 어울릴 수 있어야 진정한 소통과 화합이 가능하며 시너지 효과를 배가할 수 있다"는 말씀은 공감을 넘어 감동으로 다가온다. "협업을 통해 다양한 아이디어가 공유되는 사회에서 융복합 창조가 일어나고 세상을 이끌어가는 경쟁력이 생긴다"는 말씀에서는 대한민국의 희망을 보게 된다.

협업의 하모니를 연주하라!

4강

미래는
협업에 있다

내가 협업 전도사가
된 까닭은

여러분, 한 우물을 파면 어떻게 될까요? 그 우물에 빠져 죽습니다. (웃음) 한 우물만 파면 성공하던 시대는 지났습니다. 서로 밟고 일어서는 적대적 경쟁의 시대도 이제 지나가고 있습니다. 더 이상 무한경쟁과 승자독식의 시대가 아닙니다. 아무리 잘나도 혼자서는 절대로 살아남을 수가 없습니다. 지구 상에 전지전능한 국가, 기업, 개인은 존재하지 않습니다. 각자 서로 다른 전문성과 강약점, 장단점이 있을 뿐입니다. 결국 모든 인간과 조직체는 협업을 통해서만 지속가능성을 확보할 수 있습니다. 혼자 하는 것보다 함께 하는 것이 메가 시너지 효과를 내고 창조적 성과를 얻을 수 있습니다.

특히 추가적인 비용이나 인력을 들이지 않고도 성과를 창출할 수 있다는 점이 협업의 가장 큰 매력입니다. 협업은 그 누구에게도 희생과 양보를 강요하지 않습니다. 그리고 이런 협업문화는 윈·윈·윈(win-win-win)으로 나와 상대와 사회 모두가 함께 상생할 수 있도록 해줍니다.

제가 이렇게 협업문화를 강조하며 의미를 부여하는 이유는 분명합니다. 바로 협업이라는 신(新)문명이 대한민국에서 새로운 한강의 기적을 만드는 원동력이 될 것이라고 확신하기 때

협업 정책 제언

 대한민국 협업상생포럼

 협업 정책관 도입

 대한민국 협업 대상

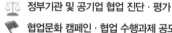 정부기관 및 공기업 협업 진단·평가

협업문화 캠페인·협업 수행과제 공모(대국민/대정부)

 협업 교육 및 협업 전문인력 육성

 대한민국 협업 컨퍼런스

 對국민, 기업인, 대학생 대상 협업 사례 연구

문입니다. 저는 우리나라 정부 부처나 공기업의 혁신도 이와 같은 협업을 통해서만 성공적으로 이루어질 수 있다고 생각합니다. 우리 사회가 지금보다 더 깨끗해지고 투명해지는 길도 협업문화의 확산으로 가능합니다. 한마디로 협업에 우리의 미래가 있다고 할 수 있습니다.

그런 의미에서 저는 대한민국 협업문화의 확산에 앞장서는 협업의 전도사로 더욱 활발하게 활동해나갈 것입니다. 협업에 관한 강의도 하고, 대한민국 협업상생포럼도 운영하고, 의미 있는 협업 사례도 계속 발굴하겠습니다.

마지막으로 다시 한 번 말씀 드리겠습니다. 우리는 새마을 운동으로 산업화의 기틀을 마련했고 정보화 물결에 적극적으로 도전하며 더 큰 대한민국을 만들었습니다. 수평적인 융복합 창조의 현 시대에 우리는 협업을 통해서 함께 발전할 수 있습니다.

오늘 저의 강연으로 협업에 대해 막연하게 갖고 계셨던 생각들이 좀 더 구체화되고, 협업이라는 시대의 패러다임 속에서 우리 조직과 나 자신은 어떻게 변화해나가야 할까에 대한 방향을 모색해볼 수 있는 계기가 되었기를 바랍니다

협업은 대한민국의 운명을 바꿀 신경제입니다. 협업이 창조경제이고, 동반성장이고, 경제민주화입니다.

끝으로 제가 '콜라보'라고 외치면 여러분께서 '브라보'라고 함께 외쳐주시기 바랍니다.

"콜라보!"

(일동: 브라보!)

감사합니다. (박수)

2부

성공한 그들은
어떻게 협업했을까

—

-사례 분석

인간들은 서로 협동함으로써 자기들이 필요로 하는 것을 훨씬 쉽게 마련할 수 있으며, 단결된 힘에 의하여 사방에서 그들을 포위하고 있는 위험을 훨씬 더 쉽게 모면할 수 있다는 것을 깨닫게 될 것이다.

– 스피노자

:: 협업 기관

선데이토즈 + 카카오

:: 협업 목적

• 애니팡 : 모바일 채널을 통한 성공적인 시장 진입 및 확산

• 카카오 : 흑자 전환을 위한 모바일 게임시장 플랫폼 개발

:: 협업 성과

• 애니팡 출시 후 70억 원 이상의 순이익 창출

• 카카오는 2012년 9월 창업 이래 첫 흑자 기록

모튼 한센(Morten T. Hansen) 미국 캘리포니아주립대 정보대학원 경영학과 교수는 "협업은 목표에 도달하기 위한 수단이며, 목표는 뛰어난 성과라는 점을 결코 잊지 말아야 한다"고 역설했다.

이종 산업 간이 협업은 제일 먼서 서로의 목표를 명확하게 설정해야 한다. 목표를 명확하게 세워야 그에 적합한 파트너 기관을 선정할 수 있으며, 파트너 선정에서부터 첫 단추가 잘못 끼워지면 실패를 면할 수 없게 된다. 그에 반해 달성하고자 하는 목표가 분명하면 협업 체계 구축에서 상호 전사적으로 협력하게 되며, 이러한 협업은 카카오와 선데이토즈의 '애니팡'처럼 새로운 시장 개척과 이익 창출에서 기대 이상의 성과를 가져올 수 있다.

❖ 참고자료

헤럴드경제(2013. 11. 29), '미래 게임시장 전략 특집 : 브랜드 구축하면 성공 지름길 보인다'
전자신문(2012. 11. 6), '애니팡 · 드래곤 플라이트… 카카오톡 게임이 대한민국을 오락실로'
조선일보(2012.10. 29), '카카오 첫 흑자, 애니팡 덕분에…'

:: 협업 기관

영실업 + 기아자동차

:: 협업 목적

• 영실업 : 디자인 비용 절감

• 기아자동차 : 미래 고객(어린이) 대상 브랜드 인지도 향상

:: 협업 성과

• 영실업 : 완구시장 판매 1위로 2013년 매출액 700억 원 이
상, 연간 50%의 매출 신장 기록

• 기아자동차 : 범국민적 인지도 강화. 자동차 모델료를 완구로 받아 저소득층에 기부함으로써 사회공헌 활동

:: 의의 및 시사점

또봇은 제품의 기획 단계부터 영실업과 기아자동차의 협업을 통해서 탄생한 제품이다. 협업은 참여 기업 간의 관계 형태에 따라 수·위탁 관계에 있는 기업 간의 협업인 '수직적 협업'과 대등한 관계에 있는 기업 간의 협업인 '수평적 협업'으로 나뉜다.

대기업과 중소기업의 협업의 경우 수직적 협업의 형태를 갖기 쉬운데, 또봇은 수평적 협업 형태로 진행되었다는 데 의의가 있다.

수평적 협업에서 기업 간의 '대등한 관계'는 겉으로 보이는 객관적인 것이 아니라 내부에서 평가하는 주관적인 것이다.

규모가 상대적으로 작은 중소기업이라도 대기업에서 필요로 하는 기술과 자원을 보유하고 있으면 동등한 지위에서 협업할 수 있다.

대기업과 중소기업의 협업은 규모와 자금력이 상대적으로 막강한 대기업이 중소기업과 함께 동반성장하고 상생한다는 원칙을 갖고 실천하는 것이 무엇보다 중요하다.

Win—Win 전략으로 이룬 '포트홀 신고시스템'
택시정보 시스템을 활용한 민간 협업

:: 협업 기관

서울시 + ㈜한국스마트카드 + 개인택시운송사업조합

:: 협업 목적

차량 손상과 교통사고의 주 원인이 되는 포트홀(Pot hole. 아스팔트 포장의 표면이 파손되어 생기는 구멍)을 발견하고 신속하게 보수작업을 진행하고자 함. 택시 운전자의 신고로 이루어지는 포트홀 신고시스템 구축 및 운영을 위해 3개 기관의 MOU 체결 후 본격적인 협업 진행

:: 협업 방식

- 서울시 도로관리과 : 포장도로 포트홀 적출 · 보수 업무 수행. 신고시스템 웹사이트 열람, 접수, 보수 업무 수행
- 서울시 택시물류과 : 택시면허 관리, 택시정보 보안관리 외
- ㈜한국스마트카드 : 서울시에 택시요금 관리서비스 및 정보 제공
- 개인택시운송사업조합 : 개인택시 운전자 관리 및 포트홀 신고, 홍보

:: 협업 성과

- 2014년 5~12월 동안 포트홀 신고시스템 운영 결과, 총 4,600여 건의 포트홀 발견 및 보수작업 진행
- 서울시민의 안전을 위해 택시업계가 함께 협업함으로써 택시의 공공적 이미지 제고
- 시민들의 안전 및 만족도 향상

도로포장의 파손 관리를 위해 택시정보 시스템에 접근하는 것은 원래 협력 자체가 어려운 사안이었다. 그러나 이를 추진한 주관 부서인 서울시 도로관리과가 협업 기관(부처) 간에 상호 이익이 되는 부분을 어필하면서 적극적이고 개방적인 업무 협조를 이끌어냈다. 'Win-Win' 전략의 본보기라 할 수 있다.

한국스마트카드 또한 추가적인 비용을 들이지 않고 기존의 택시정보 시스템과 서울시 대중교통의 요금결제 방식을 활용하여 해당 프로젝트를 성공적으로 수행했을 뿐 아니라 장기적 계약의 토대를 구축할 수 있었다.

자원봉사자로 참여한 개인택시 운전자들도 포트홀 발견 즉시 카드결제기의 버튼으로 간단하게 신고함으로써 택시에 대한 시민들의 인식 개선과 차체 손상 방지와 함께 상당한 홍보 효과를 보았다. 실제로 각종 방송과 신문을 통해 '도로 지뢰를 없애는 택시'라는 제목으로 시민들의 안전을 지키는 개인택시의 모습이 크게 부각되었다.

이처럼 서로 다른 주체가 만나 성공적인 협업을 이루기 위해서는 '모두가 함께 상생한다'는 기본 전제가 필요하다. 'Win-Win' 전략이 그래서 중요하다.

❖ 참고자료

행정자치부(2015), 〈2014년 협업 우수 사례집〉

실패를 딛고 개발한 '스틱형 홍삼'
유통업체를 중심으로 한 R&D 협업

:: 협업 기관

이마트 + 종근당건강 + 휴럼

:: 협업 목적

2013년 1월 이마트는 S기업과의 협업으로 출시한 홍삼 PB(Private Brand) 제품을 일반 제품보다 35% 저렴한 가격으로 공급했으나 가격 인하 효과가 크지 않아 실패함. 이에 품질과 가격을 모두 만족하는 제품 개발을 목표로 새로운 제조업체 물색에 나섬.

- 이마트 : 협업 주체 기업으로 자사가 보유한 유통망을 이용하여 판매
- 종근당건강 : 홍삼정 생산
- 휴럼 : 정제수를 넣고 희석시켜 스틱 형태의 패키지 제작

:: 협업(기대) 성과

- 이마트는 홍삼정, 홍삼 추출액(진액), 어린이 홍삼에 이어 '간편 홍삼정'을 추가로 출시하며 주력 상품군을 풀라인업(full line-up)함으로써 국내 홍삼제품 시장점유율을 10% 대 이상으로 끌어올리는 발판 마련
- 종근당과 휴럼은 자사의 전문 기술 강화와 개발을 도모하고, 신제품 생산 후 이마트라는 확실한 공급처를 통해 판매 경로를 확보하여 안정적 협업 성과 창출

주요 유통업체들의 PB상품은 매출에서 중요한 역할을 하고 있다. 2013년 기준으로 PB상품의 매출액이 10조 원을 육박했는데, 이는 유통 단계 단축으로 단계별 중간이윤을 낮춤으로써 가격을 저렴하게 책정한 결과이다. 저렴한 가격이 소비자들의 마음을 훔친 것이다.

유통업체는 제품을 저렴하게 공급받고 제조업체들은 판로를 확보할 수 있다는 점에서 PB상품의 개발을 위한 유통업체와 제조업체의 협업은 계속 증가하고 있다.

이마트의 협업은 한 번의 실패를 통해 시장의 니즈를 다시 파악하고, 재정비 후 도전하여 성공한 사례다. 품질과 가격을 모두 만족시키는 제품을 출시해야만 성공할 수 있다는 사실을 실패 속에서 깨닫고, 종근당건강과 휴럼과의 협업으로 과거에 비해 가격은 50%대이면서 품질은 높인 홍삼 제품을 시장에 선보일 수 있었다.

이 사례는 무조건적인 협업이 모두 성과를 내는 것은 아니라는 사실을 알려준다. '협업을 통해 어떤 성과를 내고자 하는가?' 하는 명확한 목표 아래 참여 업체를 정한 후, 참여 업체의 전문성을 바탕으로 정확한 역할 분담을 통해 협업해야 한다. 이마트는 좋은 품질을 유지하는 대신 제조업체와의 협업을 통해 가격을 전보다 절반으로 낮춰 성공할 수 있었다.

❖ 참고자료

이데일리(2014. 7. 4), '한 번의 실패, 한 번의 성공'
노컷뉴스(2014. 6. 25), '이마트, 3각 협업으로 스틱형 홍삼제품 출시'
뉴스웨이(2014. 6. 25), '이마트, 휴대 · 섭취 편리한 스틱형 PL 홍삼 출시'

노하우 퍼즐이 탄생시킨 '무접촉 세차기'

중소기업들 간 협업

:: 협업 기관

동서하이텍㈜ + 대도기계 + 롤이엔지 + 엠피에스

:: 협업 목적

세륜기 제작 전문 기업인 동서하이텍이 브러시가 없는 친환경 무인세차기 개발을 위해 울산 테크노단지 내 업체 3곳과 협업 진행

:: 협업 방식

• 동서하이텍: 자동세차기용 견인 컨베이어 등

- 대도기계 : 하우징 기술
- 롤이엔지 : 가장 낮은 원가의 제작 시스템 고안
- 엠피에스 : 전기전자 시스템

:: 협업 성과

- 각 기업의 전문 노하우 협업을 통해 세계 최초의 '무접촉 세차기' 개발 및 개발 비용 1/3 절감
- 개발 완료 시점을 기준으로 200% 매출 신장 기대

:: 의의 및 시사점

우리나라 대부분의 중소기업들은 자금력이나 기술력 면에서 많은 한계를 가지고 있다. 따라서 각 기업이 보유한 전문 기술과 정보를 공유하여 함께 발전하고자 하는 니즈가 있다. 협업을 통해 사업 다각화와 신규 시장 진입에 대한 비용과 위험을 줄이고 성과 창출의 가능성을 높일 수 있기 때문이다.

문제는 실행 방법이다. 중소기업이 다른 기업과 협업을 추진할 때는 먼저 경영진과 협업 담당 부서 모두가 '왜 협업하고자 하는가'에 대한 공감대를 형성하고, 협업을 주도하는 기업과 참

여 기업들 간에 통일된 목표 설정과 더불어 상호 간 신뢰를 구축하는 일에 힘써야 한다. 그래야 소기의 협업 성과를 달성할 수 있다.

정부에서 중소기업의 협업사업 활성화를 목적으로 운영하는 다양한 협업사업 정책을 활용하는 것도 성공적인 협업을 진행하는 데 도움이 된다.

❖ 참고자료

대·중소기업협력재단(2013), '강한 중소기업의 성장 키워드 협업'

:: 협업 기관

LG CNS + 카드제작사 + 하이스마텍 + 인테크 + 서울시 +
C&C엔터프라이즈

:: 협업 목적

새로운 교통카드 시스템 구축을 위해 여러 업체가 별도 법인을
설립하여 단일 사업 추진

:: 협업 방식

특수목적법인(SPC)의 형태로 '한국스마트카드' 법인을 설립했

으며, 지분의 대부분은 서울시가 소유함. 협업 참여 기업들이 기술 또는 지분을 출자하고, 법인에 지속적으로 납품하여 매출 향상에 기여함.

- LG CNS(출자, 설립) : 사업 구상, 컨설팅, 시스템 개발
- 카드제작사(출자) : 카드, 칩(chip) 제작
- 하이스마텍(출자) : 카드 발급
- 인테크, C&C엔터프라이즈(출자) : 소프트웨어와 하드웨어 개발 및 공급
- 서울시(지분 무상 증여) : 사업 발주 및 관리

:: 협업 성과

- 서울시의 공익성 확보로 시장 진출에 유리한 위치 선점함.
- 지속적인 타 기관과의 협업 진행 : 2014년 4월 서울시와 택시조합, 한국스마트카드는 협업을 통해 택시 운전기사가 '포트홀'을 발견하면 카드결제기로 신고하는 시스템을 마련하여 4,600여 건의 신고를 받음.

국내 협업체 구성 및 사업 진행에서 법인체 구성까지 이루는 사례는 아직 많지 않다. 이는 법인체 설립까지 가용한 시간적, 물리적 비용이 현실적으로 여유롭지 않기 때문이며, 실질적으로 세무, 회계, 법률적 차원의 운영에 대한 인적·물적 투자에 한게가 존재하기 때문이다. 그러나 단기 프로젝트성 협업이 아닌 장기적 협업을 추진하는 경우에는 법인을 형성하는 것이 효과적이며, 법인화에 따른 협업사업의 발전 가능성의 측면에서 협업체 법인화를 추진하는 것도 고려할 수 있다.

법인체를 설립할 경우 얻을 수 있는 긍정적 효과는 외부 자금 및 투자 유치 활성화, 계약 투명화, 리스크 분배, 원활한 갈등 조절, 경영 규모 확대를 통한 경영 활성화, 장기적 협업사업 진행 가능, 사업의 명확한 주체의식 공유 등이 있다.

:: 협업 기관

㈜네패스의 4개 부서

:: 협업 목적

신사업 창출을 통한 시장 확대와 이익 증대

:: 부서별 협업 역할

• Photizo(반도체칩의 기판인 웨이퍼 생산) : LED칩 기판인 웨이
  퍼 생산

• AMC(외부 물질로부터 반도체칩을 보호하는 봉지 생산) : LED라

이트를 분산시키는 편광판 기능의 봉지재 생산

- MEM(반도체칩의 감광 당당) : LED 색상 담당
- 반도체 공정기술 담당 : 상위 기술들을 결합하여 LED 생산

:: 협업 성과

LED 시장 진입과 러시아 · 숭국 시장 등 해외 진출

:: 의의 및 시사점

조직 내부의 협업을 통해서 신규 시장 진입과 매출 극대화를 꾀하는 기업들의 니즈가 높아지고 있다. 그러나 단순한 장려만으로는 실패할 가능성이 높다.

㈜네패스는 'T경영'이라는 기치 아래 협업의 가치를 공유하고 파트너들이 함께 일하는 문화를 구축했다. 이는 내부 협업의 필요성과 협업의 성과에 대한 확신을 가지고 강력한 추진력을 발휘한 경영진의 강한 리더십이 있었기에 가능했다. 네패스는 임직원 핵심 평가지표(KPI)와 실제 측정에서도 부서 간 협업 능력과 수준을 중점적으로 반영했다.

이처럼 평가에서 협업 능력을 고려하는 기업들이 늘고 있다.

국내 모 금융회사는 조직 내부의 협업문화 확산을 위해서 KPI에 있는 협업 관련 평가 범위를 부서 간 협업에서 계열사 협업으로 확대하고 평가 비중도 높였다.

조직 내 부서 간의 협업을 성공적으로 이끌기 위해서는 리더의 강한 협업 의지와 협업적 평가 시스템, 협업적 문화 구축 등을 실현하는 협업 리더십이 뒷받침되어야 함을 알 수 있는 대목이다.

❖ 참고자료

북모닝 CEO(2012. 7), '반도체기업, 협업으로 LED 개발하다'

오래된 장벽을 넘어
정부 부처와 공공기관의 협업

 서울지방경찰청, 관할 장벽과 부서 장벽을 탈피하다

:: 기관명

서울지방경찰청

:: 협업 목적

범죄자 검거에 비효율적이었던 관할주의·부서주의 탈피를 통해 시민 안전을 책임지고자 함.

- 관할 지역이 아니면 출동을 하지 않는, 50년 동안 유지된 지구대와 파출소의 관할 구분을 없애고, 112 신고 접수 시 가장 가까이 있는 순찰차가 출동하는 '112 신속출동제' 도입
- 경찰서 내 부서 간 칸막이 탈피 : 신고 현장에 가까이 있는 경우 순찰차가 아니라 형사기동 차량이나 교통순찰 차량도 바로 출동하는 체제 구축
- 112 신고를 접수할 때 일단 주소만 파악하고 출동 지령을 내리는 '선지령 제도'를 시행하여 출동 신속성 강화
- 일선 경찰관들의 아이디어 적극 반영하여 출동 신속성 강화 : 한강 다리에서 일어난 사건은 다리 북쪽에 있는 경찰서에서 관할하고, 터널은 시내 중심에 있는 경찰서가 관할한다는 규정을 철폐하고 중앙선을 기준으로 차량의 진행 방향에 따라 112 신고 처리 진행

:: 협업 성과

중요 범죄 용의자 현장 검거율이 월 297건에서 479건으로 62% 상승(2014년 2월 말 대비 5월 말 기준)

학교 식중독을 예방하다

:: 협업 기관

교육부+식품의약품안전처+한국농수산식품유통공사(aT)+안
전행정부

:: 협업 목적

'식품중독 조기경보 시스템'의 분산 관리와 수동 입력에 따른
비효율성을 개선하고 학교 급식을 통한 대규모 식중독 확산 가
능성 차단

:: 협업 방식

• 교육부, 식약처, aT를 중심으로 학교 식중독의 조기 차단 중
  요성 공감
• 상호 공유할 수 있는 정보와 협조할 수 있는 기술 범위 등에
  대한 세부 협의 진행
• 식중독 발생 학교의 식재료와 업체 정보를 조회할 수 있는
  검색 기능을 강화하여 식품위생 부서가 원인 및 유통단계

조사에 바로 착수할 수 있게 함

- aT는 납품업체 '사후평가 정보'를 공유하여 일선 학교에서 보다 우수한 식재료를 공급하는 업체를 선정할 수 있도록 시스템 구축

:: 정보 공유 과정

- 교육부 : 학교 식별코드, 학교명, 공동급식 여부 등 학교 정보
- 식약처 : 식재료 공급업체 행정처분 등과 관련한 행정 정보
- 안전행정부 : 시스템 통합을 위한 기술 지원
- aT : 공급업체의 세부 정보와 사후평가 정보, 제품명과 제조 업체 소재지 등 업체 정보

:: 협업(기대) 성과

- 학교 급식소에 식재료를 납품하는 업체 정보가 식중독 조기 경보 시스템에 자동 등록되게 하여 담당자의 업무 부담 개선
- 학교 급식 전자조달 시스템을 이용하는 국내 61%의 학교에 서 식중독 위험이 있는 식재료 납품업체에 대한 실시간 정보 수집을 통해 식중독 예방

• 식중독의 주원인 식품에 대한 세부적인 정보 입력을 통해 식
중독 조기 차단과 근원적 해결 방안 마련

:: 의의 및 시사점

새로운 일자리 창출과 창조경제를 지원하는 '정부 3.0(정부기
관이나 지방자치단체가 보유한 공공 정보를 누구나 손쉽게 활용하여
새로운 가치를 창조하자는 개방 운동)'이 가속화되면서 부처 간 이
기주의와 장벽을 허물고 협업을 해야 한다는 목소리가 커지고
있지만, 아직까지 정부기관의 협업 수준은 단순 정보 공유와
시스템 구축을 통한 효율성 향상에 머물러 있다.

세계적인 경영학자이자 파괴적 혁신이론의 창시자인 클레이
튼 크리스텐슨(Clayton Christensen)은 조직 내 소통을 가로막
는 부서 이기주의를 무너뜨리지 않는다면 조직 내 혁신은 불가
능하다고 말했다.

50년 넘게 유지해오던 경찰 관할주의를 없앤 서울지방경찰청
은 이러한 장벽을 과감하게 탈피하고 일선 경찰들의 제안을 직
접 정책으로 실천하면서 '시민안전을 책임지는' 경찰로 거듭나
고 있다.

부서 간 장벽은 조직 내에 고착화된 시스템 때문에 생기는 경우가 많고, 가장 최우선으로 조직 전체가 달성해야 하는 목표를 명확하게 설정하지 않는 경우에 발생하기 쉽다. 명확한 목표 제시와 함께 협업을 장려하고 촉진할 수 있는 제도·시스템적 지원이 뒷받침될 때 부서 간 이기주의가 비로소 해결될 수 있다.

❖ 참고자료

한국경제(2014. 6. 28), '골든타임' 찍는 112 출동 급증.. 범죄 현장검거율 60% 늘었다'
동아일보(2014. 6. 20), '가까운 순찰차가 우선… 112 관할 파괴의 힘'
안전행정부(2013), 〈2013 협업행정 우수 사례집〉

코피티션으로 이룬 '상생 발전'
경쟁사 간 협업

 사례 1 특허와 특허가 만나다

:: 협업 기관

삼성 + 구글

:: 협업 목적

삼성의 특허 10만 건과 구글의 특허 5만 건을 합한 15만 건의 특허 공유를 통해 소프트웨어 경쟁력 확보 및 불필요한 소송 방지

:: 협업(기대) 성과

구글은 삼성의 하드웨어사업 노하우를 접목하여 시너지 효과를 내고, 삼성은 구글이 확보한 미래 기술(구글글라스, 무인자동차, 스마트 콘택트렌즈 등)에 접근하여 소프트웨어 경쟁력을 강화

 비용을 혁신하다

:: 협업 기관

르노닛산 + 다임러

:: 협업 목적

기업의 이익 창출을 위해 2010년부터 전략적 협업 관계 구축. 개발 비용과 부품 생산 비용 절감을 위한 협력 관계로 시작하여 2014년 신제품 콘셉트부터 출시까지 모든 생산라인의 협업 체계 강화

:: 협업 방식

상대 회사의 지분을 각각 3.1% 보유함. 미국 테네시주 디처드

공장을 공동으로 설립. 생산되는 가솔린엔진을 르노닛산의 인피니티 중형 세단과 다임러의 메르세데스 벤츠 C클래스에 함께 공급하여 비용 절감. 또한 2014년 가을에 양사의 엔지니어가 4년간 긴밀하게 협력하여 공동 개발한 르노닛산의 '트윙고', 다임러 소속 스마트의 '포투', '포포' 제품 발표. 향후 카셰어링과 같은 자동차 생산 이외의 시장에서도 협력 관계를 강화할 계획임.

:: 협업 성과

2010년 3개로 시작한 협력 사업은 12개로 4배가 증가했으며, 협력 지역도 유럽에서 아시아, 북미까지 확대됨. 두 회사는 협력 프로젝트를 통해 개발 비용을 절감하고 지출을 줄이면서 상호 간 Win-Win 효과를 얻고 있음. 당초 예상했던 25억 유로(3조 3,500억 원) 이상의 효과를 냄.

:: 의의 및 시사점

코피티션(copetition)은 협력(cooperation)과 경쟁(competition)의 합성어로, 협력과 경쟁의 장점을 결합한 일종의 전략적 비즈니스게임 이론이다. '네가 살면 내가 죽는다'는 식의 제로섬 게임이 아니라 협력을 기반으로 한 경쟁사 간 윈윈을 추구하는 방식으로, 나의 경쟁사도 전략적으로 함께해야 살 수 있다는 새로운 시장경쟁 원리를 보여준다.

삼성과 구글의 특허동맹은 특허로 인한 불필요한 소송을 미연에 방지하고 보다 혁신적인 기술을 자유롭게 개발할 수 있는 환경을 조성하기 위한 협업이다. 삼성은 구글 외에도 인터디지털, 도시바, 코닥, IBM 등 수많은 글로벌 기업들과 특허 라이선스를 체결해왔다. 앞으로도 이러한 코피티션 상생 전략은 더욱 활발해질 것으로 보인다.

❖ 참고자료

문화저널 21(2014. 1. 28), '삼성 구글 특허동맹 결성, 15만 건 특허 괴물 탄생'

빅데이터를 활용한 가치 창출
통신사와의 협업

SK Telecom

:: 협업 기관

SK텔레콤 + 신한카드 + 서울관광마케팅

:: 협업 계기

한국문화관광연구원이 공모한 관광서비스 지원사업에 '로밍 서비스 빅데이터를 활용한 인바운드 관광시장 정보기술 개발'을 주제로 함께 응모해 사업자로 선정됨.

• SK텔레콤과 신한카드는 로밍 데이터를 통한 동선 파악 및 동선 정보와 결합된 소비 패턴 빅데이터 분석 등을 맡고, 공기업인 서울관광마케팅은 해당 정보를 활용해 관광 정책을 도출하고 실행하는 역할 담당

• 외국인 관광객이 국내에서 사용하는 신용카드 이용 데이터와 로밍통화 데이터를 융합해 외국인의 관광 패턴을 실측. 해당 데이터를 서울관광마케팅이 추진하는 서울시 관광사업에 적용함.

:: 협업(기대) 성과

• 외국인 관광객의 이동 경로, 식사 장소 등의 데이터를 활용해 관광객들에게 최적화된 관광 안내

• 위치나 추천 음식점 등의 정보 창출 가능

• 각종 공공 데이터나 다른 업종 데이터와의 융복합을 통해 새로운 빅데이터 협력모델 개발

KT

가축 전염병을 막다

:: 협업 기관

KT + 농림축산식품부

:: 협업 목적

AI 등 가축 전염병 확산 방지와 신속한 방역을 위해 가축 전염병 대응 시스템 구축

:: 협업 방식

- 조류인플루엔자(AI) 확산 방지책 마련 협력을 위한 양해각서(MOU) 체결
- KT의 기지국 통계 데이터와 농림식품부의 국가동물방역통합시스템(KAHIS) 데이터를 통합하여 AI 확산예측모델 개발
- AI 확산 경로 규명 및 사전 방역을 위한 발병 예상지역 선정
- AI 확산 분석에 기반한 타 가축 전염병 확대 적용

- 축산 차량의 출입정보(GPS)를 실시간으로 수집, 활용하여 역학조사 시간을 과거 농장당 평균 20시간에서 4시간대로 단축

- 향후 빅데이터 등 최신 정보통신기술을 활용해 창조적인 농정을 실현하는 기반 마련

 심야버스 노선을 발굴하다

:: 협업 기관

KT + 서울특별시청

:: 협업 목적

서울 시민에게 최적화된 심야버스 노선 개발을 위한 협업

:: 협업 방식

- KT와 서울특별시청의 빅데이터 분석을 통한 공공 분야 시정 현안의 정책 지원 업무협약 체결

- KT의 통화량 통계 데이터 30억 건과 서울시가 보유한 교통 데이터를 분석해 최적의 심야버스 노선을 발굴, 배치

:: 협업 성과

- 심야 시간대 교통 약자의 안전 귀가와 심야 경제활동 인구의 교통비 절약에 기여
- 서울시가 2014년 추진한 33개 정책에 대해 시민들과 공무원들을 대상으로 조사한 결과, '10대 뉴스' 중 1위로 '심야 전용 올빼미버스 확대 운영'이 차지

:: 의의 및 시사점

2014년 월드컵 승부 예측 93.75%의 정확도를 보인 빅데이터의 위력에 다시 한 번 세상이 주목했다. 정보통신기술의 도약과 함께 성장동력으로 인식되면서 세계 빅데이터 시장은 매년 52%씩 성장해 2018년까지 33조 원대로 성장할 것으로 전망된다. 국내 역시 공공 정보의 개방을 표방하는 정부 3.0의 등장과 함께 창조경제의 엔진으로 금융업, 농업, 관광업 등 산업 분야의 경계를 넘어 빅데이터를 활용한 사례가 증가하고 있다.

빅데이터의 가장 큰 강점은 조직 내·외부에서 축적되는 다양한 형태의 데이터를 기관끼리 서로 접목하고 공유함으로써 데이터 근거 중심의 정확성을 토대로 하여 올바르고 정확한 의사결정이 가능하다는 것이다. 이제는 조직별로 '축적되어 있는 데이터를 얼마나 잘 운용하는가'가 조직의 지속가능성이나 경쟁력을 결정짓는 시대다. 체계적인 데이터 활용과 연계로 새로운 시장가치를 창출할 수 있고, 반대로 허술한 데이터 운용으로 정부·기업의 신뢰도나 이미지가 한순간에 추락해버릴 수도 있기 때문이다.

빅데이터의 활용은 이제 선택이 아닌 필수다. 정책 활용 및 조직 내 전략 수립 시에도 지식과 경험, 데이터를 공유하고 협업하고자 하는 마인드가 필요하며, 체계적인 협업 시스템을 바탕으로 성공적인 결과를 얻을 수 있을 것이다.

❖ 참고자료

서울경제(2014. 7. 17), '빅데이터 시장 키워라-카드·통신 1위의 만남'
디지털타임스(2014. 7. 27), '신한카드-SKT 관광서비스 분석 위해 '빅데이터 융합' 손 잡았다'
YTN 사이언스(2014. 7. 1), '농식품부·KT, 빅데이터 활용해 AI 방지 협력'
아시아경제(2013. 4. 16), '서울시-KT, 빅데이터 MOU 체결… 심야버스 등 맞춤정보 제공'
매일경제뉴스(2013. 4. 16), 'KT-서울시 빅데이터 협력'

업계의 화두 '**사물인터넷(IoT)**'
대기업 · 중소기업 · 정부 간 협업

:: 협업 기관

SK텔레콤 + 비디(ICT기업) + 중소기업청 + 민간 양식장

:: 협업 목적

ICT와 전통 산업의 융합을 통한 국가 경쟁력 강화와 지역 활성화

:: 협업 계기

• SK텔레콤 T오픈랩에서 주최한 IoT사업 공모전에서 비디사
가 제안한 'IoT 기반 양식장 관리 시스템'이 1위로 선정되어
2014년 3월부터 공동 사업으로 추진

- 2014년 7월, 중소기업청 주관의 '민관공동투자 기술개발사업'으로 선정

:: 협업 방식

- 비디사와 함께 'IoT 기반의 양식장 관리 시스템 개발
- 중소기업청 지원으로 10억 원 규모의 시스템 구축 : 고부가가치 사업인 민물장어 양식장의 수조 관리 방식을 최신의 무선 센서 네트워크에 기반을 둔 IoT 기술로 개선하고, 스마트폰 등을 통해 수조를 실시간 모니터링할 수 있도록 지원함으로써 스마트 양식장 구현

:: 협업(기대)성과

- 스마트 양식장 시스템이 상용화되면 실시간 원격 모니터링으로 폐사를 막고, 최적의 생장 정보 제공을 통해 생산성 20% 향상. 출하되는 장어의 생육 기간도 시스템 도입으로 6개월~1년 단축
- 스마트 양식장의 상용화 및 타 어종, 타 산업 확산을 통해 2015년 상반기 상용화 목표

- 국내 450여 개 장어양식장을 대상으로 시스템을 공급하여 상용화한 후 일본, 중국 등 글로벌 시장으로 진출

:: 의의 및 시사점

사물인터넷(IoT) 시장 장악을 위한 글로벌 기업들의 움직임이 맹렬하다. IBM은 2016년까지 IoT 분야에서 추가로 200억 달러의 인수합병을 추진할 계획이고, GE는 IoT를 생산성 혁신에 활용하여 산업 각 분야에서 1%씩만 효율을 높여도 향후 20년 동안 미국 기업의 평균 수익을 40%까지 끌어올릴 수 있을 것이라고 공언했다. 인텔사 역시 미래의 먹거리로 IoT를 선정하고 웨어러블(wearable) 기기 및 IoT 전용 프로세서 에디슨을 2014년 9월에 공식 출시했다.

우리 정부도 '초연결 디지털 혁명의 선도 국가 실현을 위한 사물인터넷 기본 계획'을 수립하여 2020년까지 국내 IoT 시장을 2조 3,000억 원에서 30조 원으로 확대하고, 중소·중견 수출 기업 수를 305개로 늘려 3만 명 이상의 고용 창출 효과를 일으키겠다고 발표했다. 모든 것이 연결되는 초연결 시대에 사물인터넷 등 ICT기술이 산업과 만나면 생산성을 높일 뿐 아니라 경

쟁력 있는 미래 산업으로 업그레이드될 수 있을 것이라는 전망
에서다.

IoT 시장의 핵심 키워드는 바로 '개방(open source)'과 '협업
(collaboration)'이다. 우리나라가 세계 IoT 시장을 선도하기 위
해서는 정부와 기업 모두의 발 빠른 노력이 필요하다. 정부는
대기업과 중소기업, 스타트업 기업들 간에 순발력 있는 협업이
가능하도록 '개방형 협업 생태계' 조성에 힘을 쏟아야 한다. 기
업들 역시 ICT 플레이어들 간의 협업은 물론 건설, 헬스케어,
자동차 등 타 산업과의 융합을 비롯해 글로벌 기업들과의 적극
적인 협업을 통해 활발한 협력 플랫폼을 구축해야 할 것이다.

❖ 참고자료

아이티투데이(2014. 8. 31), 'SKT, ICT노믹스 시동… 'IoT 장어양식장' 시범 서비스'
아주경제(2014. 8. 31), 'SKT 국내 최초 IoT 기반 스마트 장어양식장 구축… ICT노믹스 본격 시동'
뉴스핌(2014. 8. 31), 'ICT노믹스?… 이제는 꿈 아닌 현실'

42개의 언어 장벽을 뛰어넘은 '본고딕 서체'

:: 협업 기관

구글 + 어도비 + 한국 산돌커뮤니케이션 + 중국 창저우 시노타입 + 일본 이와타

:: 협업 목적

디자이너와 개발자가 한국어·중국어·일본어로 콘텐츠를 만들려면 각기 다른 서체 라이선스를 구해야 했던 불편함을 해소하고 업무의 효율성을 높이기 위해 공동 프로젝트 착수

:: 협업 방식

• 어도비와 구글이 주축이 되어 동아시아 서체 제작사들인 한

국 산돌커뮤니케이션, 중국 창저우 시노타입, 일본 이와타 등과 협업 진행

- 개발자와 디자이너 100여 명이 참여하여 3년 이상의 기간 소요

:: 협업(기대) 성과

- 누구나 무료로 쓸 수 있는 오픈 소스 서체인 '본고딕(Source Han Sans)'을 제작, 배포
- 글로벌 사용자들이 한 인쇄물이나 웹파일을 만들 때 언어에 상관없이 하나의 통일된 서체를 사용할 수 있게 됨에 따라 언어별로 사용 가능한 서체를 찾아야 하는 불편함 해소
- 한국어, 일본어, 중국어의 번체·간체, 그리스어, 라틴어, 키릴 자모 등 42종의 언어 지원
- 사용자 환경(UI), 디지털 콘텐츠, 랩탑, 모바일 디바이스, 전자책 등 다양한 곳에서 사용할 수 있고, 7단계 폰트 두께 (Thin, Light, DemiLight, Regular, Medium, Bold, Black)를 지원

❖ 참고자료

이버즈(Ebuzz, 2014. 7. 16), '어도비·구글 합작품, 한중일 오픈 소스 서체 '본고딕''
블로터(BLOTER, 2014. 7. 16), '어도비·구글, 한중일 통합 오픈 소스 글꼴 무료 공개'

맹수들이 디자인한 청바지 'Zoo Jeans'

:: 협업 기관

일본 카미네동물원 + 청바지회사 + 미네코클럽

:: 협업 목적

동물을 위한 환경 보호를 장려하고 동물환경보호기금을 마련하고자 하는 목적으로 일본 이바라키현 히타치시에 있는 카미네동물원과 청바지회사가 협업 진행

:: 협업 방식

• 카미네동물원에 있는 맹수(호랑이, 사자, 곰 등)에게 청바지

를 장난감 형태로 만들어준 다음 맹수들이 할퀴고 물어뜯은 청바지 자체를 상품화함.
- 시작가를 5만 엔으로 책정하여 동물원 기금모금단체인 미네코클럽에서 자선경매 진행

:: 협업 성과

- 맹수들이 청바지에 스크래치를 내면서 노는 장면을 영상화하여 이색 상품으로서 주진(Zoo Jeans)을 이슈화하는 동시에 동물보호 메시지를 효과적으로 전달
- 사자가 디자인한 L1이 1,500달러(약150만 원)에 낙찰되는 등 경매를 통해 총 3,500달러 모금
- 수익금을 카미네동물원과 세계자연보호기금에 전액 기부함으로써 착한 소비를 통한 SNS 이슈화에 성공

❖ 참고자료

조선비즈(2014. 8. 19), '사자가 물어뜯은 청바지는 얼마?'

3부

'동(同)의 시대'에서 '이(異)의 시대'로

-인터뷰

조직을 승리로 이끄는 힘의 25%는 실력이고
나머지 75%는 팀워크이다.
– (미국 프로풋볼의 만년 꼴찌였던 세인트루이스팀을
　슈퍼볼 우승팀으로 이끈) 딕 버메일 감독

왜 협업인가

Q_대한민국 1호 협업 전도사로 활발한 활동을 벌이고 계신 것으로 알고 있습니다. 우리가 살고 있는 지금 이 시대에 '협업'이라는 화두가 왜 중요하다고 생각하십니까?

A_정부 부처, 산업계, 문화예술계, 체육계 등 우리 사회 전반에 보이지 않는 울타리가 쳐져 있습니다. 이 울타리가 더 큰 발전을 가로막고 있어요. 이를 없애는 데만 엄청난 비용과 인력이 필요합니다. 협업문화를 조성하면 이 같은 울타리를 자연스럽게 없애고 조직 간의 갈등을 줄일 수 있습니다. 뿐만 아니라 엄청난 시너지를 창출할 수 있습니다.

지금처럼 급변하는 경영 환경에서는 개인의 의지나 단일 기업

"대한민국의 미래, 협업에 달려 있습니다."

의 힘만으로 생존하기가 어렵습니다. 성장은 더욱 그렇죠. 창조와 융합을 요구하는 비즈니스 환경에서는 유기적으로 상호작용하며 협업하는 길만이 개인과 기업, 그리고 우리 사회 모두가 발전할 수 있는 유일한 대안입니다. 이미 협업은 피할 수 없는 시대의 절대적 흐름이 되었습니다.

저는 제3의 물결인 '정보화' 이후에 오는 제4의 물결이 '협업'이라고 확신합니다. 정보화만으로는 더 이상 어찌할 수 없는 문제들이 산적한 상태에서 그것을 해결하고 뛰어넘어 시대를 바꿀 수 있는 흐름이 협업이라는 것입니다. 앞으로는 협업이라는 시대의 흐름에 빠르게 적응하는 개인과 조직만이 살아남을 것입니다.

협업은 무조건 좋은가?

Q_협업의 중요성을 잘 알겠습니다. 그런데 어떻게 해야 하는 가에 대해서는 막막함을 느끼는 사람들이 많은 것 같습니다. 조언을 좀 해주신다면요?

A_협업의 개념부터 명확하게 짚고 가는 것이 중요합니다. 협업은 협력이나 협동과는 다른 개념입니다. 협업은 기본적으로 두 개 이상의 조직이나 개인이 서로 다른 전문성을 기반으로 결합하여 새로운 가치를 창조하거나 시너지를 창출하는 것입니다. 또한 수직적 개념의 하청 또는 OEM 방식이 아니라 수평적 개념으로 서로 동등한 위치에 서 있어야 합니다. 그래야 협업이 올바로 진행될 수 있습니다.

또한 '협업은 무조건 좋다'는 식의 생각도 경계할 필요가 있습니다. 무턱대고 추진하는 것은 위험합니다. 먼저 신중하고 체계적인 접근으로 협업이 '필요할 때'와 '필요하지 않을 때'를 명확하게 가리는 것이 제일 중요합니다. '협업 프리미엄'이라는 개념이 있는데, 협업을 함으로써 발생되는 이익과 손실을 따져서 그 성과를 사전에 측정해보는 것입니다. 이때 결과가 마이너스(-) 값으로 나오면 협업을 추진하지 않는 것이 맞습니다.

협업 프리미엄 = 프로젝트 수익 − 기회비용 − 협업비용

※기회비용 : 조직이 다른 프로젝트 대신 협업 프로젝트를 선택하여 포기한
　　　　　　순현금 흐름
※협업비용 : 부서 간 협업에 따라 추가로 발생하는 혼란과 그에 따른 결과

협업이 원만하게 진행될 수 있도록 환경을 구축하는 일도 중요합니다. 특히 조직 내부에서 협업을 진행하고자 할 때는 협업에 방해될 만한 장벽들을 정확하게 진단하고 그것들을 제거하기 위한 소통 기반의 맞춤형 해결책을 적용하는 것이 필수적입니다.

협회에서 지금까지 100개가 넘는 기관과 기업에 맞춤형 협업 교육 및 조직 진단을 진행해왔습니다. 통상적으로 조직 내부의 협업 현황을 진단한 후에 교육을 설계하는데, '사전 협업 진단 → 교육 → 사후 협업 평가'의 프로세스를 거칩니다. 교육 이전에 내부 진단을 실시해서 문제점을 명확히 한 다음 그것을 해결하는 프로세스를 교육으로 설계하는 거죠. 이처럼 진단과 교육이 유기적으로 연결되면 효과적인 교육 설계로 문제 해결과 성과 창출에 기여할 수 있습니다.

협업은 새로운 패러다임?

Q_협업은 기존의 경영 패러다임과 어떤 차별점이 있을까요?

A_창조적 파괴(creative destruction)라는 표현을 들어보신 적 있으실 겁니다. 1950년대 미국의 경제학자 조지프 슘페터 (Joseph Alois Schumpeter)가 주창한 개념으로, 낡은 것을 파괴 해야 새로운 것을 창조하고 혁신할 수 있다는 이론입니다. 수 직적으로 상승하는 드라마틱한 성과를 이룩해야 하던 당시에 는 이 이론에 많은 기업인들이 영향을 받았습니다. 성장을 위 해서는 뼈를 깎는 고통을 감수해야 하고, 껍질을 깨야 혁신을 이룰 수 있다는 점에 모두가 동의했습니다.

그러나 협업의 패러다임 안에서는 파괴로 인한 갈등과 고통 없이 혁신이 가능합니다. 모두가 함께할 수 있는 '유쾌한 창조'가 일어나는 것이죠.

모두가 함께 잘사는 사회를 만들기 위해서 개혁가들은 예부터 기득권층에게 가진 것을 나눌 것을 제안했습니다. 우리나라에도 조광조, 정도전 같은 개혁가들이 있었죠. 그런데 그들은 모두 모함을 받고 죽임을 당했습니다. 부의 재분배를 위해서 기득권층에게 내려놓으라고 주장하게 되는데, 기득권층에서는 손실을 보고 싶지 않기 때문에 실천하지 않게 됩니다. 가진 것을 다시 달라고 하면 누구나 반발심이 생기게 마련입니다. 그것이 옳다는 사실을 알고는 있지만 기득권층에게는 거부감이 드는 거지요. 그렇기 때문에 모두가 함께 살 수 있도록 대기업과 중소기업이 협업을 통해 상생하는 문화가 형성이 되어야 합니다. 어느 누구도 고통을 겪지 않고 빈부의 격차를 해소할 수 있는 유쾌한 창조가 바로 '협업'입니다.

향후 계획은?

Q_향후에 어떤 계획을 갖고 계신지도 궁금합니다.

A_협업의 필요성에 대해서는 공감하면서도 막상 협업을 실천하는 시점에서는 주저하는 경향이 있는 것 같습니다. 하지만 협업은 대의적 명분이 아니라 현장에서의 실천에 그 진정한 의미가 있습니다.

그래서 우리 협회에서는 '협업문화'를 사회에 전파하고 정착시키는 데 우선적인 역점을 두고 있습니다. 2014년이 '협업문화 원년의 해'였다면 2015년은 '협업문화 확산의 해'로 생각하고 있습니다. 2014년도 한 해 동안 정부기관, 기업, 공공기관 등 100여 곳이 넘는 곳에서 활발하게 강연을 진행했습니다. 2015

년도에는 더욱 활발하게 사회 곳곳에 소통의 창을 내고 협업의 문을 만드는 활동을 적극적으로 전개할 것입니다. 그 일환으로 대한민국 협업상생포럼을 통해 민관이 함께 협업할 수 있는 장을 마련하고, 협업 교육을 통해 협업이 체계적으로 진행될 수 있도록 하는 한편, 협업문화를 선도할 전문 인력을 꾸준히 양성해나갈 생각입니다.

다시 말씀드리지만, 저는 우리 대한민국의 운명이 협업, 즉 신문명의 완성 여부에 달려 있다고 믿습니다. 협업문화가 더욱 확산되고 올바로 정착될 수 있도록 배전의 노력을 다할 것입니다.

협업에 길이 있다!

금광을 찾지 못해 파산 위기에 직면했던 캐나다 토론토의 금
광회사 골드코프(Goldcorp)는 회사의 기밀인 광산에 대한 정
보를 공개하고 콘테스트를 개최했습니다. 전 세계 50개국의
1,000여 명이 도전한 결과, 사내 최고의 지질학자도 찾지 못했
던 광산 후보지를 찾아냈고, 해당 후보지의 80% 이상에서 금
이 발견되었습니다. 회사의 실적도 1억 달러에서 90억 달러로
급상승했습니다.

　그때까지 광산업에서 지질 데이터는 절대 유출되어서는 안
되는 핵심 정보였는데, 이 회사는 전례와 편견을 과감히 깨고

데이터를 공개하여 놀라운 성과를 이루어낼 수 있었습니다. 이러한 시도는 참가자들(대학원생, 컨설턴트, 수학자, 군장교 등)의 다양한 면면이 발휘하는 힘을 보여줌과 동시에, 타성의 굴레에서 벗어나 새로운 시각으로 문제를 해결할 수 있는 기회와 사고를 제공해주었습니다.

시대가 바뀌었습니다. 특허를 등록해서 사용하지 못하도록 감추기보다 개방과 협업으로 개발된 신기술을 통해 세상이 변화하는 시대입니다. 그러므로 조직은 융복합적으로 생각하고 소통하며 다른 어떤 기관과도 협업할 수 있는 유연함을 지녀야 합니다. 당연한 말이지만, 이를 위해서는 리더의 강력한 협업 리더십과 함께 조직 내의 협업적 평가 시스템, 그리고 소통 역량이 뛰어난 협업적 인재 선발과 육성 등이 요구됩니다.

우리나라에서 협업은 아직 걸음마 단계입니다. 협업을 위한 정부의 움직임이 점차 활발해지고 있으나 '어디에서부터' '어떻게' 해야 하는가에 대해서는 막막함을 느끼는 경우가 많습니다. 현 단계에서는 조직 전체를 쇄신하겠다는 강력한 의지보다 구성원들의 마인드와 작은 습관부터 바꿀 수 있는 교육 실시,

부서 간 협업 평가 시스템 도입, 콜라보메이트 제도 운영 등으로 점진적으로 접근하는 것이 좋습니다.

한때 세계시장을 호령했던 소니(SONY)가 몰락하게 된 원인에도 고질적인 내부 경쟁 중심의 성과문화가 있었습니다. 부서 간 경쟁을 통해 성과를 측정하는 시스템이다 보니 부서 이기주의가 극심했고, 조직 전체보다 부서의 성과만 생각하게 되었습니다. 이는 조직 전체의 비전이 없었기에 나타난 참담한 결과입니다.

협업의 첫걸음은 '비전의 공유'입니다. 작은 조직이든 큰 조직이든 비전을 공유함으로써 소통과 협업의 첫걸음을 내디딜 수 있습니다. 아무리 좋은 비전이라도 그것이 구성원들 사이에 공유되지 않으면 아무 의미가 없습니다. 비전을 공유하려면 그것을 정하는 단계에서부터 구성원들을 참여시켜 공감대를 형성해야 합니다.

얼마 전 신문기사를 보니 국방부가 앞으로는 군가나 군대 교재에서 '사나이', '민족'이라는 단어를 쓰지 않겠다고 합니다. 군에 여성 인력이 늘어나면서 '군인=남자'의 공식이 깨지고 있기 때문입니다. 이처럼 우리가 사는 세상은 기존의 인식과 틀이 하루가 다르게 변하고 있으며, 서로 다른 영역(전문가)의 경계도 허물어지고 있습니다.

이제는 경쟁이 아닌 협업을 통해 새로운 가치를 창출하는 시대입니다. 협업을 통해 창출되는 메가 시너지는 그 파급 효과를 예측할 수 없을 정도입니다. 사회를 통합하고 성과를 창출하는 협업을 통해 대한민국이 지속적으로 발전하길 기원합니다.

무한경쟁과 승자독식의 시대는 끝났습니다.
상생과 동반성장의 융복합 시대, 협업에 길이 있습니다.

콜라보! 브라보!

대한민국에

소통의 창(窓)과 협업의 문(門)을

만들어나가는 데 앞장서겠습니다.

한국협업진흥협회 일동

www.kocoa.or.kr